LÉGUME VERT

Philippe Vigand

LÉGUME VERT

Éditions Anne Carrière

Du même auteur

Putain de silence, avec Stéphane Vigand, Éditions Anne Carrière, 1997.
Promenades immobiles, Éditions Anne Carrière, 2000.
Meaulne, mon village, Éditions Anne Carrière, 2004.

ISBN : 978-2-8433-7593-4

© S.N. Anne Carrière, Paris, 2011

www.anne-carriere.fr

*À Stéphane
et à mes enfants*

Avant-propos

Voilà vingt ans que je suis paralysé des pieds à la tête. Comme si cela ne suffisait pas, je suis en plus privé de parole. Cette situation, due à un accident vasculaire cérébral un peu particulier, répond au doux nom de *locked-in syndrom* ou syndrome de l'enfermement – LIS pour les initiés. Ce genre d'accident est heureusement rare… Hélas, il a fallu que ça tombe sur moi.

Depuis vingt ans, mon état n'a guère progressé et je n'ai récupéré aucune mobilité. Et même si mon visage est, paraît-il, beaucoup plus expressif, reflétant tour à tour ma bonne humeur, mes préoccupations ou mon ennui, ma tête reste résolument penchée vers la droite et un filet de salive s'échappe en permanence de ma bouche. Je pourrais dire que je souffre d'incontinence labiale, mais, pour ceux qui me regardent, le résultat est le même : je bave !

Seulement voilà, malgré ma gueule de travers, ma parfaite immobilité et mon incapacité de m'exprimer autrement que par battements de paupières et grognements, je pense !

Eh oui, dans ce tableau que d'aucuns jugeraient désastreux, mon cerveau est intact. Je pense, je réfléchis, je lis, je vois, j'entends, je sens… Bref, je ne suis pas un légume, ce qui visiblement ne saute pas aux yeux des gens qui me croisent.

Curieux, certains me scrutent avec insistance ; d'autres, apeurés, s'empressent de regarder ailleurs. Force est de constater que, bien malgré moi, je n'ai pas mon pareil pour provoquer l'apitoiement, la commisération, la gêne… Au début, ces réactions m'ont attendri, fait sourire et même rire, sans doute parce que j'étais encore plein de compréhension et d'indulgence envers mes semblables. Au fil des années, l'attendrissement a cédé la place à l'agacement. Et je me prends parfois à rêver que, retrouvant soudain l'usage de mes jambes et de la parole, je bondis de mon fauteuil pour entonner : « Quoi, ma gueule ? Qu'est-ce qu'elle a ma gueule ? Quelque chose qui ne va pas ? Elle ne te revient pas ? » Le miracle n'ayant pas lieu, je me contente de chanter en silence.

L'agacement naît de la lassitude due à la répétition des réactions que je suscite. Dans le fond, je m'étonne d'étonner encore. Il faut dire que, depuis vingt ans, j'ai eu tout le loisir de m'habituer à mon état – d'ailleurs, je n'avais pas le choix –, et ma vie est organisée de façon à rendre mon handicap le moins insupportable possible. Le hic, c'est que je suis le seul à m'être ainsi habitué. Ce n'est pas le cas de mes proches, à commencer par ma femme ; on imagine alors que les moins proches et les inconnus n'ont aucune chance de s'y habituer et continueront encore longtemps à me regarder comme un spécimen.

Bien sûr, je ne leur en veux pas. Pour un peu, j'irais même jusqu'à les remercier puisque, sans le savoir, les uns et les autres m'ont donné l'idée et l'envie d'écrire ce livre. Une sorte de journal de

LÉGUME VERT

bord d'un type qu'on prend trop souvent pour un légume, qui ne trouve pas ça très flatteur, et puis, en ces temps de fièvre écolo, le type se dit que, finalement, il consent à être un légume, pourvu qu'il soit vert. Parce que c'est bon pour la santé.

Introduction

La panoplie du locked-in

Beaucoup se posent la question : comment vivre avec pareil handicap ? Comme tout le monde, serais-je tenté de dire. À quelques « détails » près.

Le code

Premier détail : privé de ma voix, je ne peux pas parler. Étant de surcroît incapable du moindre mouvement, il était hors de question que j'apprenne le langage des sourds. Pour réussir à m'exprimer malgré tout, il a fallu improviser en me servant de ce qui bougeait encore, à savoir mes paupières. C'est donc en clignant desdites paupières que je m'exprime, grâce à un code mis au point dans les tout premiers temps de cette histoire : consonnes et voyelles sont classées dans deux tableaux et, pour chacune d'entre elles, j'indique d'abord la colonne, puis la ligne. On me décrypte donc lettre après lettre, opération qui exige attention, rigueur... et patience. Même si je m'efforce toujours à la concision, pour ne pas perdre le fil de mes palabres, mes interlocuteurs ont besoin d'un bon entraînement. Les plus appliqués se munissent d'un papier et d'un crayon, pour noter les lettres sans les oublier au fur et à mesure, mais ce n'est pas toujours suffisant et il arrive que les néophytes renoncent avant la fin de la première phrase, quand ce n'est pas du premier mot. Ainsi, mon éditrice à qui, lors d'un premier tête-à-tête sans la présence d'un traducteur, j'entrepris d'épeler le mot « anticonstitutionnellement » !

Ma famille et certains de mes amis pratiquent le code couramment depuis ses débuts, d'autres ne s'y sont jamais mis ; ils connaissent uniquement mon oui (un battement) et mon non (deux battements), et se contentent de me poser des questions

LA PANOPLIE DU LOCKED-IN

fermées[1], s'en remettant à plus expérimentés qu'eux pour des conversations plus élaborées.

Cependant, il a fallu du temps pour roder l'utilisation du code et contourner les difficultés qu'il présente. J'en ai pris conscience une première fois lorsqu'une infirmière chargée de m'habiller a oublié mes sous-vêtements. Au début, je n'ai rien dit, chose pour laquelle j'étais devenu naturellement doué, pensant qu'elle s'en apercevrait au moment de remonter la braguette de mon pantalon. Mais, l'esprit visiblement ailleurs, elle oublia également la braguette. Je roulai alors des yeux exorbités pour lui signifier que c'en était plus que ma pudeur ne pouvait supporter. J'entrepris donc d'épeler le mot « caleçon », ce qui provoqua

---

1. « Tu vas bien ? » est une question dite fermée puisque je peux y répondre par un simple oui ou un tout aussi simple non. Alors que : « Comment vas-tu ? » est une question ouverte, à laquelle je peux répondre selon les jours par : « J'ai connu pire », « Mieux, ce ne serait pas supportable », « J'ai très mal au talon gauche et ma toux persistante m'inquiète ». L'on comprendra aisément que mes interlocuteurs penchent en majorité pour la première solution, et je leur en sais gré car je tiens à ménager mes paupières pour des battements essentiels.

l'affolement de la malheureuse. C-A-L-E-C-O-N, ça ne lui disait rien ; avait-elle mal compris ? La première lettre était peut-être un S et non un C, et je n'avais peut-être pas terminé d'épeler, après le N, y avait-il un autre N puis enfin un E ?

Je n'eus pas le temps de m'énerver de sa lenteur à me comprendre. Je réalisai en effet que le code, aussi pratique soit-il, ne prévoit ni les cédilles, ni les apostrophes, ni aucun signe de ponctuation. À charge pour mes interlocuteurs de faire preuve d'inventivité et, pour moi, de choisir mes mots. Depuis ce jour-là, je ne porte que des slips.

La seconde prise de conscience des difficultés du code eut lieu deux ans après mon accident, alors que je séjournais au centre de rééducation de Kerpape, accompagné d'Emmanuel, mon auxiliaire de vie, sans qui je ne me sentais pas de taille à affronter ce séjour breton.

Allez savoir pourquoi, me prit soudain l'envie d'appeler un ami. C'est en voyant Emmanuel attraper le téléphone et attendre que je lui dicte le numéro que je ressentis mes premières bouffées de chaleur. En effet, je me débrouillais avec les lettres, mais comment faire avec les chiffres ?

Malgré tout, je me lançai. Premier chiffre : 7 battements. Deuxième chiffre : 7. Troisième chiffre : 5. « Jusqu'ici tout va bien, jusqu'ici tout va bien », me répétai-je intérieurement, comme Vince, l'un des héros du film *La Haine*. En réalité, tout n'allait pas bien puisque, anticipant la suite, je sentais la panique me gagner : un zéro se profilait. Comment m'y prendre ? Un battement, c'est oui ; deux battements, non ; trois battements, je veux parler... Ce qui était vrai à cet instant précis, sauf que, ayant commencé à cligner les chiffres et non les lettres, mes trois battements risquaient fort d'être interprétés comme un 3 alors que je voulais un 0.

Comment décrire ces moments de frustration extrême où j'ai l'impression d'être une mouche enfermée entre quatre vitres contre lesquelles elle ne cesse de se cogner, cherchant en vain une porte de sortie ?

Après plusieurs tentatives infructueuses pour faire comprendre ce fichu zéro, je hochai la tête vigoureusement – enfin, le plus vigoureusement possible pour moi –, ma façon de dire qu'on recommençait tout, non pas à zéro, mais depuis le début, cette fois en épelant les chiffres en lettres. L'opération prit un certain temps, néanmoins, je réussis à téléphoner à mon ami.

Comme toujours, l'expérience fut instructive. À partir de ce jour, nous sommes convenus que, pour chaque chiffre, je ferais le nombre de battements correspondant. Oui, mais *quid* du zéro ? Faute de solution plus satisfaisante, j'ai prévenu que je prendrais mon regard le plus vide et le plus bête. Je dois dire sans forfanterie que ça marche au-delà de toute espérance. Je fais le zéro mieux que personne.

Il n'empêche que tout le monde ne le sait pas. Ainsi, cette auxiliaire de vie, charmante jeune femme au demeurant, novice dans le job, ne savait rien ni de cet arrangement, ni de mes grandes passions et autres petites manies. Parmi ces passions, le sport, qui exigeait ce jour-là que je regarde la chaîne 403 pour assister à une captivante rencontre de curling féminin.

« Quelle chaîne voulez-vous regarder ?
– …
– Pardon ?
– …
– Euh, comment faites-vous ? Vous clignez les chiffres ou les lettres ? »

La malheureuse ignorait encore qu'il vaut mieux éviter ce genre de questions ouvertes. Elle s'impatientait.

« Bon, alors on fait les chiffres, déclara-t-elle vivement. Allez-y, quelle chaîne ? »

Quatre cent trois, ça fait beaucoup. À combien de battements en étais-je quand, rouge et visiblement agacée, la jeune femme m'interrompit :

« J'ai mal regardé, pouvez-vous recommencer ? »

C'est ainsi que je fus privé de curling. Même si la diversité des programmes qu'elle propose est agréable pour qui est cloué dans un fauteuil, la TNT ne facilite pas toujours la vie d'un locked-in.

LÉGUME VERT

L'auxiliaire de vie

Bien qu'ayant largement dépassé l'âge, j'ai toujours besoin d'avoir auprès de moi une nounou. Mais, comme je ne suis plus un enfant, la nounou est appelée auxiliaire de vie, nom auquel je préfère nettement ceux d'aide de camp ou de garde du corps. Non pas que je me prenne pour un général à la veille de grandes manœuvres ou pour une personnalité à protéger d'agressions éventuelles, mais tout de même, ces mots-là ont plus de panache!

Même si je ne suis pas turbulent au sens où on l'entend habituellement, la fonction de cet auxiliaire de vie exige de solides compétences. Pour tenir le coup, il faut : accepter la lourdeur de mon handicap, apprendre le code et le manier avec aisance, être assez robuste pour me porter, partager le quotidien de notre famille, sacrifier certains week-ends et autres vacances… La charge de travail est telle qu'une seule personne ne saurait suffire; deux auxiliaires de vie se relaient donc à mes côtés.

Heureusement, nous avons très vite rencontré Emmanuel, que l'ampleur de sa tâche ne semblait pas effrayer. Il s'avoua d'emblée dur d'oreille mais estima qu'un muet et un sourd étaient faits pour s'entendre. Emmanuel nous est fidèle depuis maintenant dix-huit ans, et nous formons tous les deux un couple de duettistes qui fonctionne parfaitement. Parmi ses nombreuses qualités, je retiens son humour et son sens de la repartie qui facilitent mes relations avec le monde. Emmanuel a tenu et tient le coup, ce n'est pas le cas des autres qui se sont succédé à un rythme toujours trop rapide à notre gré. Certains se sont engagés avec un enthousiasme qui a fondu dès les premières semaines, quand ce n'était pas les premiers jours ; d'autres étaient plus résistants mais, à la longue, se sont découragés, lassés... Qu'un auxiliaire de vie vienne à manquer, et toute notre organisation vacille. Chaque départ nous oblige à nous remettre en quête de LA bonne personne, exercice dont, au fil des ans, nous nous passerions volontiers. Mais ne désespérons pas, il semblerait que nous ayons enfin trouvé, en la personne de Guillaume, l'alter ego d'Emmanuel. Si je pouvais croiser les doigts pour conjurer le sort, je ne m'en priverais pas.

L'ordinateur

On entend souvent dire que le malheur vous apprend à vous détacher des choses matérielles pour mieux vous consacrer à l'essentiel. Sauf que, dans la vie d'un handicapé, tout ce qui est matériel se révèle absolument essentiel.

Dans ma vie à moi, il est un objet dont je ne me passerais pour rien au monde : mon ordinateur.

C'est au printemps 1991, un peu moins d'un an après mon accident, que cette merveille de technologie est entrée dans mon existence. Je me revois encore dans le parc de l'hôpital de Garches planté de magnifiques marronniers. Ah ! le vert des arbres se découpant sur le fond ocre des bâtiments en brique ; il aurait fallu être fou pour se lasser d'une vue pareille !

La quiétude du début d'après-midi fut cependant interrompue par l'arrivée de l'ergothérapeute précédé d'un couple d'Américains arborant des chemises hawaïennes et s'exprimant avec un fort accent du Kansas. Sur leur passage, le jardin, puis l'étage Netter du bâtiment où je résidais semblèrent se vider d'un seul coup. Ils n'en avaient cure, moi non plus. Arrivés dans la chambre, ils dénichèrent une table en formica blanc et entreprirent d'y installer un ordinateur ultrasophistiqué : deux écrans (et autant de disques durs), dont l'un, équipé du logiciel américain « Eye gaze » : une caméra suit les mouvements de ma pupille gauche sur un clavier virtuel. Une demi-seconde suffit pour enregistrer la lettre, le chiffre ou le signe de ponctuation que je vise et le basculer vers le second écran équipé d'un traitement de texte.

Aussi extraordinaire fût-il, ce matériel ne parvint pas, ce jour-là, à me faire bondir de joie. Il faut dire qu'après des mois d'hôpital, ma principale activité intellectuelle consistait à regarder *Les Feux de l'amour*; je trouvai donc le procédé d'écriture long, laborieux et fatigant, sans mesurer à quel point cela allait changer ma vie.

Je ne tardai cependant pas à le découvrir et devins vite adepte de la communication écrite. Je n'enquiquine personne au téléphone en appelant plusieurs fois par jour, mais j'écris. À ma femme, à mes enfants, à mes amis. Les messages sont imprimés et rangés en vrac dans un sac accroché à mon fauteuil où les intéressés viennent les prendre.

James

Il est un autre objet dont je me passerais difficilement, c'est mon contrôleur d'environnement, qui répond au doux nom de James. Il me fut présenté à Kerpape par l'ergothérapeute, soucieux que je puisse avoir un minimum d'autonomie. James est un petit boîtier rectangulaire fixé sur un pied de micro et relié à une poignée que l'on place au creux de ma paume droite. Si, code oblige, mon environnement marche plutôt à l'œil, James, lui, obéit au doigt – le seul que je réussisse encore à bouger. D'une légère pression, j'enclenche un défilement lent de plusieurs fonctions préalablement réglées. Avec une seconde pression, je choisis la fonction désirée : alarme, télévision, lumière ou radio. Je choisissais, devrais-je dire car, par commodité,

James ne contrôle que la télévision (changement de chaîne et volume) et une sonnerie pour appeler à l'aide en cas d'urgence.

Je préférerais pouvoir crier comme tout le monde parce que James a parfois des faiblesses… qui, en fait, sont les miennes. L'effort à fournir pour exercer une pression puis la relâcher se révèle quelquefois au-dessus des compétences de ma main droite, qui reste crispée sur cette maudite poignée ou, au contraire, ne parvient plus à se contracter assez pour activer James, qui ne répond plus.

Il est d'autres circonstances où, comme moi, il devient muet. En effet, James a besoin de piles. Piles qui, c'est bien connu, ne s'usent que si l'on s'en sert. Et je m'en sers beaucoup, à tel point que parfois James clignote, sa façon de me signifier qu'il me lâche. C'est comme ça que je peux me retrouver devant une émission de télé-achat interminable – grâce à quoi les aspirateurs et autres haltères destinés à nous transformer en Schwarzenegger de salon n'ont plus de secret pour moi. Dans d'autres occasions, je ne parviens pas à baisser le volume qui se met à hurler durant les publicités. Et je ne parle pas de ces envies d'assouvir un besoin naturel qui deviennent de plus en plus pressantes au fur et à mesure des longues minutes que je passe seul, privé de la complicité de James.

Je prends conscience alors des limites de mes désirs de solitude et d'autonomie. Au cas où je voudrais l'oublier, les défaillances de James me rappellent que j'ai besoin de quelqu'un en permanence. Mes auxiliaires de vie sont cependant doués d'assez de psychologie pour respecter les plages d'intimité auxquelles j'ai droit et les instants de solitude qui me sont nécessaires. L'expérience leur apprend rapidement que James peut avoir ses faiblesses, et ils savent plutôt bien les anticiper et ne s'éloignent jamais longtemps.

De quoi me plaindrais-je alors ? d'être coincé devant une émission de télé-achat ? Certes, l'expérience est éprouvante, mais, tout bien réfléchi, je crois qu'il y a des malheurs plus grands.

LA PANOPLIE DU LOCKED-IN

Ma panoplie personnelle

Cette rapide description de mes accessoires essentiels serait incomplète si je n'y ajoutais : un fauteuil performant et plutôt confortable, compte tenu des longues heures que j'y passe, une voiture spécialement aménagée, un écran de télévision géant et une chaîne stéréo… Autant de « gadgets » qui contribuent à rendre la vie plus agréable.

Pour pouvoir me les offrir, je bénéficie d'aides administratives obtenues de haute lutte avec l'appui de l'association ALIS[1], et j'ai par ailleurs la chance d'appartenir à un « milieu aisé », comme on dit, ce qui, avouons-le, n'est pas anecdotique. Non pas que je croie que l'argent fait le bonheur ; en revanche, je sais qu'il contribue largement à mon confort. Ainsi, comble du luxe dans mon cas, je me soumets à une sorte de contrôle technique permanent, grâce auquel je reste en bon état malgré vingt années d'immobilité. Se relaient auprès de moi

---

1. Association contre le locked-in syndrom, fondée en 1997 par Jean-Dominique Bauby.

pour me dispenser des soins attentifs : « mes[1] » infirmières – également chargées de choisir la couleur de mes chaussettes –, « mes » kinés, « mon » orthophoniste, « ma » masseuse de shiatsu, « mon » ostéopathe qui ne désespère pas de me redresser – ce qui n'est pas une mince affaire – et enfin « mon » yogi et ami, Patrick, qui, entre autres choses, m'apprend à mieux respirer – vaste travail !

Mais l'aisance matérielle ne servirait pas à grand-chose, la batterie de soins quotidiens se révélerait sans doute moins efficace si je n'étais pas entouré comme je le suis. Je veux parler de mes parents, de ma sœur, de mes amis, de mes enfants, bien sûr, et avant tout de ma femme, Stéphane. Dire qu'elle est aimante, sincère et généreuse ne suffit pas à la décrire, donnant un reflet bien pâle de sa vraie nature. Non seulement Stéphane n'a pas déserté notre navire (qui pouvait sembler en perdition après mon accident), mais elle a continué d'affronter la vie comme elle l'avait toujours fait aupara-

---

1. J'emploie le possessif, non pas que je me sente un quelconque droit de propriété sur toutes ces personnes formidables, mais elles sont si importantes dans ma vie que j'ai tendance à les vouloir rien que pour moi.

vant : avec enthousiasme, énergie et combativité. J'aurais peut-être pu craindre qu'elle ne reste auprès de moi que par sens du devoir, mais je n'en ai pas eu le loisir car elle m'a donné la plus belle preuve d'amour qui soit : Pierre, notre fils, conçu tout à fait « normalement » un an après le début de cette galère. Cette naissance était le symbole que notre famille continuait d'être bien vivante et que, locked-in syndrom ou non, j'y conservais ma place.

Seule notre fille aînée, Capucine, garde peut-être quelques souvenirs de moi debout; Juliette, âgée de treize mois au moment de l'accident, et Pierre, né après, ne m'ont jamais connu autrement qu'en fauteuil. Mais tous les trois m'acceptent et m'aiment comme je suis.

Nul doute que c'est encore à Stéphane que je dois en grande partie d'avoir gardé ma place de père. En effet, elle m'a toujours reconnu comme tel et n'a jamais tenté de faire comme si je n'existais pas, laissant ainsi croire aux enfants que mon autorité avait disparu avec ma mobilité. Quand bien même me seraient venues des envies de démissionner de mon rôle paternel – ce qui n'a jamais été le cas –, elle ne m'en aurait pas laissé la possibilité. Parce qu'elle-même ne démissionne ni ne renonce jamais ! Depuis vingt ans, avec une force et une détermination peu communes, elle s'emploie à aplanir les obstacles et à soulever des montagnes pour que notre vie soit un défi toujours gagnant.

Grâce à elle, qui emmène les autres dans son sillage, grâce à mes enfants et à mes proches, il m'arrive d'avoir l'impression que ma situation n'a vraiment rien d'extraordinaire. D'où mon agacement quand un regard, un mot, un incident viennent me rappeler que ce n'est pas tout à fait le cas.

L'effet que je fais

Décalage, voilà un mot qui donne une idée assez juste de mon rapport aux autres. Décalage entre ce que je suis et ce que je donne à voir. Entre la façon qu'on a de me traiter et la façon dont je voudrais être traité. Entre mon aspiration à être pris pour un homme normal – puisque je me sens normal – et l'impossibilité que les autres ont de me considérer tout à fait comme tel.

Avec le temps, je constate que le décalage se réduit parfois mais ne disparaît jamais complètement – sauf avec mes proches ou même avec des moins proches, mais en de rares occasions. Ai-je d'autre choix que de m'y habituer ?

Quand on me témoigne de la compassion ou de la commisération, je préférerais qu'on fasse preuve à mon égard de franchise, dût-elle paraître brusque, qu'on m'engueule, me malmène, me charrie ; bref, qu'on oublie mon apparente faiblesse et donc mon handicap. Je dois pourtant avouer que, lorsqu'il m'arrive d'avoir l'impression de passer inaperçu, cela ne m'enchante guère. Dois-je en conclure que je ne suis jamais content ? Ou que je tente de résoudre la quadrature du cercle ?

« Tu me reconnais, Philou ? »

Cette question, ah ! cette question ! Combien de fois l'ai-je entendue, je l'ignore, mais une chose est sûre : elle a bercé mon retour à la liberté après les longs mois passés en prison – pardon, à l'hôpital –, à la suite de mon accident.

Pendant toute une période, seuls ma famille et les très proches se relayaient auprès de moi. Puis il a fallu affronter le monde. Ma femme, mes amis se chargeaient de briefer les uns et les autres, expliquant que, certes, j'étais un peu impressionnant à voir, mais que j'avais bien toute ma tête. Sauf que, voyant ma tête de l'extérieur, les uns comme les autres avaient du mal à imaginer que l'intérieur était intact. Comment leur en vouloir ? Avant eux, des neurologues et des médecins parmi les plus réputés avaient considéré ma femme avec commisération lorsqu'elle affirmait être sûre que je comprenais tout : cette conviction un peu folle, dénuée de tout fondement raisonnable, était à mettre sur le compte d'un déni, d'une incapacité d'admettre la réalité telle qu'elle était. Ils avaient pourtant fini par se rendre à l'évidence, ouf !... Il restait donc à convaincre tous les autres qui ne m'avaient pas encore revu.

Les rencontres se suivaient et se ressemblaient. Le visiteur entrait dans la chambre, marquait un temps d'arrêt, s'approchait prudemment du fauteuil puis, se penchant, collait son visage contre le mien pour demander : « Tu me reconnais, Philou ? » que je traduisais aussitôt par : « Es-tu encore capable de me reconnaître ? »

Seule variait la façon de poser cette fichue question. Certains brayaient comme des ânes – était-ce l'émotion qui faisait grimper leur voix vers les aigus ou la conviction que j'avais laissé mon ouïe dans l'histoire ? D'autres s'appliquaient à détacher chaque syllabe, sans doute dans l'espoir que je comprendrais mieux.

Puis ils se redressaient aussitôt pour se tourner vers ma femme ou mon auxiliaire de vie, à qui ils demandaient, inquiets : « Il m'a compris ? » Les plus discrets chuchotaient alors, les autres faisaient exactement comme si je n'étais pas là.

Les années passant, personne dans mon entourage ne pose plus cette satanée question. Mais je sens bien que ceux qui me connaissent mal, ceux qui me voient pour la première fois n'arrivent pas à croire que je suis un homme normal. Intellectuellement normal, devrais-je peut-être préciser, c'est-à-dire doué d'une intelligence qui fonctionne encore.

Mon mutisme dérange, désarçonne. On rit volontiers de la surdité et on hurle aux oreilles du malentendant sans risquer de le déranger. On s'apitoie devant la cécité et on n'éprouve aucune gêne à regarder le « mal voyant » dans les yeux pour lui demander s'il veut de l'aide pour traverser.

Le mutisme suscite une sorte de malaise et l'on ne sait jamais comment s'adresser au « non-parlant ». Me sachant muet, la plupart des gens me croient sourd de surcroît. Ils se courbent, penchent la tête sur le côté (est-ce par mimétisme ?), sourient benoîtement, puis se lancent en criant à mon oreille, avant de se redresser pour demander, inquiets, à la personne qui m'accompagne : « Il m'entend ? » Par jeu, mon entourage prend un malin plaisir à préciser que je suis « un peu dur d'oreille ». Grâce à quoi l'interlocuteur reprend sa question en hurlant un peu plus fort…

Bien que répétitive, la scène me met en joie et, à chaque fois, je suis secoué d'un fou rire. Moyennant quoi mes interlocuteurs s'éloignent, satisfaits à plus d'un titre : ils ont la confirmation que je suis muet et sourd, ainsi qu'ils le pensaient. Cerise sur le gâteau, ils découvrent que je suis idiot puisque je rigole à leurs questions pas drôles. Et ça, ils en avaient l'intime conviction avant même de m'approcher, malgré tout ce qu'on avait pu leur dire.

LÉGUME VERT

Il ne faut pas faire peur aux enfants

On connaît la spontanéité des enfants qui, n'ayant pas encore appris à masquer, composer, ne se gênent pas pour demander à un obèse pourquoi il est si gros et s'exclamer devant un grand-père : « Oh, mais tu es beaucoup trop vieux ! »

Face à moi, ils font preuve de la même simplicité. Néanmoins, mon apparence ne correspondant à rien de ce qu'ils connaissent, pour m'approcher, ils s'y prennent généralement à plusieurs. Se tenant d'abord à une distance raisonnable, le petit groupe se concerte à voix basse, puis s'enhardit en faisant plusieurs fois le tour de mon fauteuil avant de poser les questions d'usage : « Pourquoi il marche pas le monsieur ? Pourquoi il parle pas ? Pourquoi… ? »

Même provenant de petites têtes blondes ou brunes dénuées de toute malveillance, cette antienne a tendance à m'exaspérer.

Heureusement, rompu à l'exercice, Emmanuel coupe court à la séance d'observation en disant que

« le monsieur a mal aux jambes et une extinction de voix » !

La réponse suffit à les rassurer et ils cessent aussitôt de me regarder comme un animal étrange pour partir vers de nouvelles aventures. Moi, je me console en me disant qu'au moins je ne leur ai pas fait peur !

Il n'empêche que je me passerais volontiers de ces interrogatoires. Mon entourage aussi, ça va de soi. Je suppose qu'ils aimeraient pouvoir se promener tranquillement, sans que quelqu'un vienne systématiquement leur rappeler qu'ils sont en train de pousser un fauteuil avec un drôle de type dedans. La force de l'habitude fait que, à l'instar d'Emmanuel, tous se gardent bien d'entrer dans les détails de notre histoire et dégainent des réponses qui désamorcent tout apitoiement. Ainsi, à la fillette qui s'est plantée devant moi à la sortie d'un cinéma pour demander : « Il s'est cassé la jambe ? », Stéphane a répondu sobrement : « Un peu plus que ça ! »

Je ne devrais plus y prêter attention, pourtant, ces questions me hérissent toujours, d'autant que ce n'est jamais à moi qu'on les pose, comme si mon immobilité rimait avec imbécillité ou débilité.

Pour en finir une bonne fois pour toutes, il m'arrive de penser que nous devrions organiser des jeux de devinettes en plein air, dans les squares, les marchés ou les fêtes foraines. On me planterait devant la foule de badauds et le premier d'entre eux qui trouverait de quoi je souffre aurait gagné. Mais quoi? Le droit de pousser mon fauteuil, par exemple. Ou de me porter dans la voiture. Ou encore celui de me coucher. Je suis prêt à parier qu'ainsi nous réussirions à décourager les plus curieux.

De quoi ai-je l'air?

Preuve que le locked-in est un type normal, il va au concert. Plus porté sur le rock que sur la musique classique, je vais écouter ce soir-là AC/DC à Bercy. Me voilà donc obligé de confesser un goût prononcé pour ce groupe australien, record-man incontesté des décibels, icône planétaire de tous les amateurs de bruit. Grâce à Emmanuel, je suis assez bien placé pour voir le spectacle autant que l'écouter et, durant les minutes pleines de brouhaha qui précèdent l'entrée en scène, je savoure déjà le raffut à venir... Allez savoir pourquoi, une jeune vendeuse se fraie un passage dans la cohue et fonce vers moi, pour me persuader d'acheter des boules Quiès. Emmanuel a beau lui expliquer que je suis là pour en avoir « plein les yeux et plein les oreilles », elle ne veut rien savoir, insiste encore, revient à la charge, me met en garde contre les ravages du bruit sur les oreilles fragiles... Emmanuel reste poli, mais ferme : nous n'achèterons pas de boules Quiès. Enfin, la vendeuse nous laisse, visiblement agacée par notre inconscience. Nous aurions pu avoir la paix, mais c'eût été trop beau. Son collègue ouvreur la remplace bientôt à mon chevet et me propose, sans détour, de me conduire à l'infirmerie.

Moi qui fuis les miroirs comme la peste, ce soir-là, je me serais bien offert un petit face-à-face avec moi-même, histoire de voir quelle tête je peux bien avoir... Tête de sourd ou tête de fou ?

LÉGUME VERT

Évidence

Depuis son plus jeune âge, Capucine, ma fille aînée, est débordante d'énergie, d'enthousiasme et aussi de culot. Grâce à elle, nous venons de traverser la place de l'Étoile et de descendre l'avenue Marceau en beaucoup moins de temps qu'il ne m'en faut pour l'écrire, et nous en sommes sortis vivants !

Le ciel du début de printemps est radieux, et les cheveux de Capucine, « blond magicien » disait-elle petite, brillent dans le soleil de mars qu'aucun nuage n'assombrit. Cette jolie jeune fille de vingt-trois ans poussant ce handicapé à la gueule de travers éveille les soupçons du préposé à l'accueil du musée des Arts premiers, qui me demande de lui présenter ma carte « GIC[1] ».

Sourire éclatant, Capucine me désigne du menton :

« Vous ne l'avez pas bien vu ? »

---

1. Grand infirme civil.

L'EFFET QUE JE FAIS

« *Attrape!* »

Nos départs en vacances ressemblent à ceux de beaucoup de familles : à nous voir, on croirait revenu le temps de l'exode.

Dans la voiture s'entassent femme, enfants, aide de camp, chiens, valises... et, chez nous, un fauteuil en prime!

Cette fois-là, Capucine n'étant pas du voyage, elle se contente de nous conduire à l'aéroport. A-t-elle hâte de se retrouver enfin seule? Sa conduite, disons sportive, le laisse croire. Coincé à l'arrière entre les valises, mon fauteuil tremble, et moi avec. Mais pas seulement à cause des soubresauts de la route. En effet, Capucine a poussé le volume de l'autoradio qui passe de la musique techno, et ma tête se trouve à équidistance des deux baffles... J'attends qu'elle jette un coup d'œil dans le rétroviseur pour lui dire enfin de baisser d'un ton. Hélas, le supplice durera jusqu'à Orly. Là, Capucine prend à peine le temps de se garer, décidément pressée d'en finir avec la famille qui, en un temps record, décharge tous les bagages et traverse la route pour rejoindre le terminal. Au moment d'en franchir la porte, Emmanuel se retourne pour s'assurer que personne n'a rien oublié. Capucine en profite et pousse d'un coup sec le fauteuil où je suis resté sans broncher en criant à son intention : « Attrape ! » Et me voilà propulsé à grande vitesse, passant devant des automobilistes qui regardent, surpris, ce handicapé hilare frôler leur pare-chocs sans rien faire pour les éviter – et pour cause !

Loin de m'offusquer, l'attitude de Capucine me réjouit. Sa désinvolture, que je peux parfois lui reprocher à l'égard d'autres personnes, m'enchante quand elle m'est destinée. Cela me change du trop-plein d'attention et de sollicitude que certains me témoignent. Grâce à Capucine, je deviens un ORI (objet roulant identifié) et cela me fait rire. Un peu d'humilité, que diable !

En attendant le miracle

Campagne électorale pour la présidentielle de 2007. Au cours d'un meeting, Ségolène Royal est interpellée par un handicapé en fauteuil. Pour lui répondre, elle pose la main sur son épaule, dans un geste de compassion qui me fait sursauter devant mon téléviseur : se serait-elle autorisé une telle familiarité avec une personne dite normale ? Pense-t-elle qu'une telle démonstration de pseudo-empathie, si elle est reprise en boucle par les différentes chaînes de télé, lui fera gagner quelques points dans les sondages ?

Je ne me souviens plus de la question, et encore moins de la réponse. En revanche, je ne suis pas près d'oublier le commentaire de François Hollande qui, dans les coulisses, s'est exclamé avec humour : « S'il se lève, elle gagne les élections ! »

Mais il n'y a pas eu de miracle. Ni pour le handicapé. Ni pour Mme Royal.

Lève-toi et marche !

Existe-t-il au monde un être assez dérangé pour se faire passer pour un handicapé alors qu'il ne l'est pas ? Personnellement, ça me semble aberrant, mais il faut croire que ce n'est pas le cas de tout le monde.

Ainsi, ce médecin-conseil de la Sécurité sociale qui vint m'ausculter au début des années 1990, sans doute pour vérifier *de visu* à quel degré de handicap je correspondais afin de m'allouer les indemnités correspondantes.

Très sûr de lui, le monsieur demande à ma femme et à Emmanuel de nous laisser en tête à tête. S'assied en face de moi sans me regarder, sort son petit marteau destiné à tester mes réflexes, tape sur les genoux, puis les chevilles… Déçu par mon absence de réaction, mais pas près de renoncer pour autant, il daigne enfin lever les yeux à ma hauteur. Plongeant son regard dans le mien, l'air pénétré, il ordonne : « Maintenant, vous vous levez ! »

C'est malin !

L'EFFET QUE JE FAIS

Comment plomber l'ambiance

C'est bien connu, les histoires les plus horribles provoquent parfois des fous rires inextinguibles. Cette hilarité n'est pas une marque de cynisme mais plutôt une façon d'échapper à l'émotion ou à la peur.

Allez savoir pourquoi, ce soir de décembre, lors d'un joyeux dîner, un ami raconte qu'une de nos connaissances a perdu une main en mettant sa tondeuse à gazon en marche. Ça n'a rien de drôle, mais tout le monde se marre.

Puisque nous semblons verser dans l'humour noir, j'en profite pour raconter une autre histoire drôle.

« Savez-vous quelle est la spécialité de l'hôpital de Garches ? »

Silence général. Tous les convives présents savent que j'y ai passé quelques mois qui n'étaient pas d'une gaieté folle.

Alors, je cligne de la paupière et Stéphane traduit, imperturbable :

« Plonger dans une piscine vide. »

Je m'esclaffe mais je suis bien le seul. Autour de moi, les convives se jettent des regards en coin pour savoir s'ils peuvent s'autoriser à rigoler ou non.

Bien malgré moi, j'ai réussi à plomber l'ambiance. Pourtant, je ris sans arrière-pensée. Sauf une : j'adorerais qu'un jour quelqu'un ose devant moi une mauvaise blague sur les handicapés... ce serait me montrer qu'il oublie que je le suis.

Au fil de l'eau

Descendre l'Allier entre Moulins et Nevers en canoë ? L'idée m'enchante. Je n'imagine rien d'autre que paysages idylliques, chaleur du soleil et fraîcheur de l'eau, fous rires partagés avec l'ami qui me propose l'expédition...

Mon enthousiasme, pourtant, est de courte durée : les années ont fragilisé les vertèbres de ce bon ami, aventurier dans l'âme, qui ne doute de rien, ni de lui-même ni de la charge que je représente. Il semble ignorer que je ne peux lui être d'aucune utilité sur sa petite embarcation. Je me sais d'ailleurs tellement inutile qu'une drôle d'idée me traverse soudain la tête : en cas de pépin durant notre croisière, mon bon ami moins vaillant qu'autrefois réussirait-il à m'éviter la noyade ? N'aurait-il pas envie de jeter par-dessus bord le poids mort que je suis ?

Je connais trop cet ami pour le croire fou. Je me dis que sa proposition montre qu'il ne se voit pas comme il est et, surtout, ne me voit pas comme je suis. Peut-être lui arrive-t-il d'oublier que je suis handicapé.

Drague ?

Je n'ai jamais été un adepte des réunions mondaines ; ça ne s'est pas arrangé depuis que, locked-in aidant, je ne peux plus passer d'un groupe à l'autre, l'air affairé, avec une coupe de champagne dans une main et un canapé dans l'autre. Il m'arrive néanmoins de m'y rendre, sans grand enthousiasme puisque je connais par cœur le scénario inlassablement répété de ces soirées : mes amis qui pratiquent le code viennent vers moi et nous parlons un moment ; ceux qui ne me décryptent pas s'attardent un peu moins longtemps, se contentant de me demander si je vais bien (oui : un battement, non : deux battements). Enfin, il y a ceux qui ne me connaissent pas mais ont entendu parler de moi et qui viennent me voir d'un peu plus près. Hélas, pour entamer la conversation, ils réclament la présence d'un traducteur, en l'occurrence une traductrice puisque c'est le plus souvent ma femme qui s'attelle à la tâche. Mais, très vite, l'exercice les ennuie ou les met mal à l'aise, et ils s'éclipsent comme ils sont venus, en me disant « à bientôt », ce qui signifie que je ne les reverrai pas de la soirée.

Les premiers jours d'un mois de juillet caniculaire, nous nous rendons ainsi à l'anniversaire d'une amie qui, pour l'occasion, organise une grande fête. Fête à marquer d'une croix blanche et qui dément ce que je viens d'affirmer. En effet, pour la première fois en dix-huit ans, une jeune femme, fort jolie au demeurant, vient délibérément s'asseoir à côté de moi. Se peut-il que j'aie une touche? Elle se présente, commence la conversation par quelques banalités sur la chaleur, les invités, notre hôtesse, avant de me raconter sa vie dans les moindres détails. Manifestement, elle n'est pas gênée le moins du monde par mon silence, n'attend pas de réponse puisqu'elle ne pose pas de questions, se contente de mes hochements de tête… Cette délicieuse créature se complaît dans le monologue et se livre sans tabou, sûre que je ne répéterai pas ses secrets. De nous deux, je suis sans nul doute le plus embarrassé par ses confidences, mais peu lui importe ce que je pense. Elle a besoin de parler, c'est tout.

Soudain, la voilà qui se lève, signe que la confession est terminée. Elle ne prend pas la peine de me dire au revoir ni de me remercier de mon attention, c'est tout juste si elle me regarde. Gourmande, elle n'a plus d'yeux que pour un petit-four de un mètre quatre-vingts et quatre-vingts kilos – à l'œil nu…

Tout à ma surprise, je la laisse partir sans même jeter un œil à son déhanchement.

LÉGUME VERT

Si je m'étais cru irrésistible, son départ me ramène à une réalité moins excitante. La bavarde en mal de confidences ne m'a peut-être pas pris pour un légume, mais pour une plante verte.

Rencontre au sommet

Le ciel est noir et bas, et sous l'effet des rafales de vent, la pluie épaisse tombe horizontalement et cingle la baie vitrée. Le port, pourtant proche, a disparu dans l'espèce de brouillard qui assombrit le paysage. Il fait froid et humide et pourtant, contrairement à ce que l'on pourrait penser, ce n'est pas la Toussaint mais Pâques sur l'île de Houat où nous passons quelques jours dans la maison de mes beaux-parents.

Il fait un temps à ne pas mettre un Breton dehors, cependant femme, enfants et garde du corps ont osé affronter les éléments. Je suis seul, installé du bon côté de la fenêtre, au sec, et je me laisse aller à la contemplation des mouettes qui jouent gracieusement avec le vent. Ah, ce rêve d'Icare qui revient sans cesse! J'en oublierais presque mon fauteuil et la raison de ma venue en Bretagne. Si je suis là, c'est pour me rapprocher du centre de rééducation de Kerpape, non loin de Lorient, où je vais prendre pension pendant un mois. Le centre n'est guère coté dans le guide Michelin, mais j'apprécie assez son service d'ergothérapie, déjà testé l'année précédente, pour y revenir.

Mais voilà que ma contemplation est interrompue par l'irruption d'une silhouette semblant surgir de nulle part. Je sursaute lorsque, sans même frapper, elle ouvre la baie vitrée et s'engouffre dans la maison, dégoulinant sur le tapis. D'un geste brusque, et sans un mot, l'homme glisse la main sous son ciré… Je n'en mène pas large, va-t-il me menacer d'un poignard ou d'un revolver? Ma peur dure quelques secondes, le temps pour mon visiteur inattendu de brandir… un almanach érotique. Ses gestes sont saccadés et maladroits, son élocution l'est tout autant : le malheureux bégaie et, butant sur les mots, peine à me dire à qui iront les bénéfices de la vente de cet almanach coquin.

En réponse à son bégaiement, je cligne de la paupière. Vous imaginez le face-à-face et le dialogue ! Désarçonné par mon immobilité et mon silence, bégayant de plus belle, l'homme remballe bientôt son agenda et repart comme il est venu.

Tandis que je regarde la grande silhouette s'éloigner avant de disparaître dans le brouillard, je me dis que j'ai de la chance de n'être pas affublé d'un bégaiement de paupière !

Entre semblables

Il faut que les choses soient bien claires : s'il m'arrive parfois d'oublier mon état, c'est parce que je fais tout pour. Ainsi, j'évite autant que faire se peut de regarder les photos que l'on prend de moi et je refuse catégoriquement le face-à-face avec les miroirs. Leur seule vue me donne d'ailleurs des sueurs froides et me met en colère. Même au Jardin d'Acclimatation, je n'en ai croisé aucun capable de me déformer assez pour me remettre debout.

Enfin, c'est comme ça, je ne peux pas me voir même en peinture. Je ne veux pas me voir, ni de près ni de loin. Ce qui explique que je ne veux pas voir mes semblables, en tout cas le moins possible.

Stéphane participe activement à ALIS, Association contre le locked-in syndrom créée il y a plus de quinze ans par Jean-Dominique Bauby. Je soutiens son action, je sais que cette association est utile pour faire connaître le locked-in et venir en aide à ceux qui en sont atteints. Mais j'avoue que je fuis comme la peste les réunions et autres manifestations où nous sommes censés nous retrouver. Rassemblement de fauteuils qui grincent, de gueules de travers, de paupières en folie... non merci, quelle horreur. Devons-nous comparer les performances de nos fauteuils, faire des concours de battements de paupières, constater les maigres progrès des uns, la parfaite stagnation des autres? Très peu pour moi.

Quand, d'aventure, il m'arrive de croiser l'un de mes « collègues » dans la rue, je déplore plus que jamais de ne pas pouvoir détourner la tête.

Mon aversion pour le tableau que je donne à voir est telle que, moi qui manque rarement un événement sportif à la télévision, je zappe dès que je tombe sur une compétition de handicapés comme les Jeux paralympiques qui ont lieu tous les quatre ans.

J'admire le courage de ces sportifs, paralysés ou non-voyants, je respecte leur envie de concourir et de se mesurer les uns aux autres en tentant de repousser leurs limites, mais décidément non, je ne peux pas les regarder. Qu'on me pardonne, mais mon amour du sport toujours intact fait que je préfère vibrer devant les performances de Bolt ou Federer.

Je sais bien que mon attitude peut paraître contradictoire : d'un côté, je ne supporte pas qu'on détourne les yeux à ma vue ; de l'autre, je suis le premier à détourner les yeux lorsque je vois un handicapé. Tant pis, j'assume mes paradoxes. D'abord parce que je me sens dispensé de me donner bonne conscience en me penchant sur les malheurs des handicapés. Et surtout parce que ce ne sont pas eux que je fuis, mais le reflet de moi-même auquel, c'est sûr, je ne m'habituerai jamais.

Petites misères et grandes tristesses

La vie d'un locked-in, comme celle de tout handicapé, est semée d'embûches, pavée de petites contrariétés, encombrée de difficultés imprévues. Les trottoirs que l'on franchissait auparavant sans y penser deviennent des montagnes, une panne d'ascenseur peut être le prélude à une épopée à haut risque et certains lieux nous sont tout simplement interdits, faute d'accès aménagé.

Il y a encore bien d'autres choses qui menacent de transformer notre vie en enfer permanent! Des (plus ou moins) petits riens que, l'habitude aidant, je tente de considérer avec un peu de recul, histoire de ménager mes forces. Moyennant quoi, la vie quotidienne devient un apprentissage permanent de la sagesse et du détachement. Mais la sagesse n'empêche pas la tristesse...

LÉGUME VERT

Comme James Bond

Les handicapés ont certes le privilège de se déplacer en fauteuil, sans fatigue excessive ni risque d'attraper des ampoules à cause de chaussures neuves, néanmoins les obstacles sont nombreux et, pour les longs trajets, une voiture s'impose.

Reste que, dans mon cas, l'installation dans une voiture « normale » nécessite une manutention fatigante, favorisant le lumbago de celui ou celle qui s'y colle : me soulever, m'asseoir sur un siège, attacher ma ceinture, replier le fauteuil roulant, le faire entrer dans le coffre, puis, une fois arrivé à destination, sortir le fauteuil, le déplier, me soulever et m'y asseoir... Si, d'humeur vagabonde, nous prévoyons plusieurs arrêts en chemin, mes proches finissent immanquablement la journée en proie à des douleurs musculaires diverses, quand ce n'est pas pire.

Pour éviter que mon handicap ne provoque d'autres handicaps plus légers, une seule solution : la voiture adaptée. Notre premier Espace était ainsi d'une sophistication extrême – un système de suspension permettait à la voiture de se baisser au ras du sol, un peu comme un chameau – à tel point qu'on la compara à celle de James Bond… et, dans la foulée, on me surnomma Ursula Andress !

Douze ans plus tard, je me verrais plus volontiers en Daniel Craig. Notre Espace donnant justement des signes d'épuisement, je me suis résolu à arpenter les allées du Salon de l'automobile dans l'idée de trouver un véhicule à la hauteur de mes espérances. Là, je me suis délibérément dirigé vers le stand d'un constructeur allemand de renom – pas par goût spécifique, encore moins par idéologie, mais parce que la non-prise en compte des handicapés semble l'une des spécialités françaises, partagée d'un même élan par les constructeurs automobiles, les urbanistes…

Afin que son éventuelle commission ne lui échappe pas, un commercial – portugais, si j'en juge par son accent – m'arracha bien vite à la charmante hôtesse qui m'avait d'abord accueilli.

Regretta-t-il son zèle ? Étant donné le nombre de questions tout à fait passionnantes que je lui posai (longueur hors tout, autonomie, nombre de soupapes, bienfait de l'injection électronique... je vous épargne la liste détaillée) et ma vitesse d'élocution, notre entretien s'éternisa, malgré la présence d'Emmanuel, qui me décode pourtant à toute allure.

Néanmoins, je pris une sorte de plaisir sadique à prolonger la discussion avant de repartir comme j'étais venu, et sans rien acheter. Après tout, même si ma virilité en souffre, il y a moins flatteur que d'être comparé à Ursula Andress !

Y a pas photo

Qui m'a récité un jour ces quelques vers de Prévert ? « On croit que c'est facile / de ne rien faire du tout / au fond c'est difficile / c'est difficile comme tout / il faut passer le temps / c'est tout un travail... »

Pas facile, en effet, de ne rien pouvoir faire alors que deux préposés aux handicapés viennent de me sortir de l'avion et m'emmènent jusqu'à l'aérogare sans s'apercevoir que mon bras droit et mon pied gauche sont coincés, ma tête, non calée, si bien qu'elle est secouée à chaque pas…

Les deux gars n'y sont pour rien, ni la douleur particulière, mais je ressens toujours de la gêne à me faire transbahuter de la sorte. Je prends de la place, je suis encombrant, je ralentis tout le monde… bref, j'emmerde le peuple, ce qui est une impression plutôt humiliante.

Alors, plutôt que de ruminer, j'essaie de passer le temps et je me focalise sur la braguette d'un des deux hommes, restée ouverte. Je me rappelle aussitôt ma grand-mère photographiant ses petits-enfants en disant : « Attention, le petit oiseau va sortir ! »

Prévert avait raison : « Il faut passer le temps / c'est un travail de titan. »

Roissy ne répond plus

L'immobilité à laquelle je suis contraint ne me donne plus de fourmis dans les jambes depuis longtemps, en revanche, ma peau s'irrite de ces interminables stations assises et il est des points particulièrement sensibles : la nuque, le dos, les talons et surtout, avant tout, les fesses. Pour remédier à ce désagrément, je ne me sépare plus d'un coussin anti-escarres, appelé entre nous « sous-cul », dont la disparition prend les proportions d'une affaire d'État.

C'est ce qui arriva récemment lors d'un débarquement agité à Roissy. Entre le siège passager et mon fauteuil chéri, mon coussin disparut, ce que me fesses sentirent aussitôt, comme brûlées, transpercées de centaines de fines aiguilles. Le derrière en feu, j'avais toutes les peines du monde à cligner des paupières intelligiblement. Autour de moi, on sentait bien que je tentais de dire quelque chose… mais quoi ? L'espace de quelques minutes, comme si une main mystérieuse avait appuyé sur la touche « pause » du magnétoscope, tout sembla se figer dans la carlingue. La pause dura jusqu'à ce que mon aide de camp et une hôtesse assez vive, mus par une même intuition, se précipitent dans un bel ensemble sur le coussin orphelin. Ouf ! L'agitation reprit aussitôt, le personnel de l'avion se remit à respirer et je quittai l'aéroport, le derrière et l'esprit apaisés.

Les envieux

J'ai peine à le croire, et pourtant je le vérifie souvent : je fais des envieux ! Oui, il y a des gens assez tordus pour vouloir prendre ma place. Bien sûr, ils ne poussent pas la jalousie jusqu'à s'asseoir dans mon fauteuil ; en revanche, ils squattent « mes » places de stationnement et de parking sans gêne aucune. Remarquez, je peux les comprendre : des places réservées aux handicapés, non mais, où va-t-on ? Tous ces feignants passent leur temps à se prélasser dans leur fauteuil, n'en finissent pas de creuser le trou de la Sécurité sociale, et il faudrait en plus qu'ils aient des places rien qu'à eux ? Dans les rues de Paris et des grandes villes où l'on ne peut jamais se garer ; et aussi sur les parkings d'autoroute, les meilleures places, les plus proches du relais où l'on vend café, gâteaux et autres biens de première nécessité. Voilà qui est trop. Certes, mais ces places réservées facilitent en priorité la vie des personnes qui nous accompagnent et sont toujours soulagées de ne pas être obligées de pousser le fauteuil sur des centaines de mètres.

Je ne compte plus le nombre de fois où cette fameuse place de parking nous passe sous le nez... Il va sans dire que si le squatteur possède un macaron GIC, nous nous inclinons sans broncher. Mais nous sommes intraitables avec les envieux mal élevés. Le plus souvent, nous nous garons juste derrière leur voiture, afin de les empêcher de sortir. Il est arrivé parfois que la chance nous sourie : les malotrus ayant laissé leur portière ouverte, Emmanuel m'a installé à la place du mort dans leur véhicule. L'effroi des propriétaires en m'apercevant me laisse à penser qu'ils ne sont pas près de recommencer.

Sans voix pour la seconde fois

À ses débuts, mon ordinateur, cette petite merveille de technologie déjà décrite, était équipé d'une synthèse vocale censée lire mes écrits à voix haute et à qui de droit. Problème : ladite synthèse avait du mal à prononcer les abréviations que j'utilise à tout bout de champ pour aller plus vite. « Pb » (problème), « tjs » (toujours) devenaient ainsi des borborygmes inaudibles, ce qui ne facilitait guère la communication.

Et puis voilà qu'un jour, plus de synthèse vocale. Disparue, évanouie, muette, tout comme moi. Je ne peux pas m'empêcher de penser qu'elle a été kidnappée, mais les ravisseurs (j'ai bien mon idée, mais je ne veux pas faire de délation) n'ont jamais réclamé de rançon et, l'eussent-ils fait, je ne l'aurais pas payée. Cette voix métallique, sans aucune intonation, j'avais trop de mal à m'y reconnaître. Loin de me réconforter, l'entendre me rendait plutôt malheureux et me rappelait sans cesse que je n'avais plus de voix.

Depuis qu'elle s'est tue, je me fais beaucoup mieux entendre.

LÉGUME VERT

Confusion

Magret de canard, purée de navets arrosée d'huile de truffe blanche, brie crémeux à cœur et fraises nappées de crème fraîche épaisse : le dîner de fête a été royal, et mon palais et mes papilles se régalent encore de ces mets délicieux.

Hélas, toutes les bonnes choses ont une fin. Adieu saveurs divines, place à la brosse à dents électrique qui va traquer dans le moindre interstice les derniers vestiges de ce repas exquis.

Lorsque mon aide de camp attrape le tube de dentifrice, un doute me saisit : il me semble qu'il ne l'a pas pris à l'emplacement habituel, vais-je avoir droit à une pâte aux fruits ou à la menthe quand je ne supporte que la chlorophylle ? Tant pis, je me résigne à cette éventualité, je ne me sens pas de m'agiter pour tenter de lui faire remarquer. C'est lorsqu'il étale le dentifrice sur toute la longueur de la brosse que je me décide à réagir : l'aspect dudit dentifrice ne me dit rien qui vaille, je branle donc frénétiquement du chef pour alerter mon préposé au brossage qui paraît sortir soudain de sa rêverie. J'ai bien fait de me secouer : tout à ses pensées, il avait confondu dentifrice et vaseline.

Un dossier compliqué

Nous allons enterrer la mère d'un ami et la météo beauceronne, froide, humide et grise, semble elle aussi en deuil.

Le voyage en voiture depuis Paris s'est déroulé sans encombre, mais nous arrivons juste à temps pour la messe. Le temps d'aller se garer convenablement, Stéphane me confie à notre amie Valérie, qui se propose de me conduire jusqu'à la cathédrale. Pourtant habitué aux ornières des lignes forestières, mon fauteuil supporte mal les pavés du parvis. Il donne des signes de faiblesse, le traître, et à chaque tour de roue je sens le danger se préciser, mais Valérie ne remarque rien pour l'instant. Inutile de préciser que, n'ayant pas encore d'yeux derrière la tête, je ne peux absolument pas la prévenir. Il faut attendre que je me

retrouve allongé sur le dos, et les bras en croix
– devant une cathédrale, je ne pouvais espérer
mieux –, pour qu'elle comprenne : le dossier de
mon fauteuil, pièce particulièrement fragile impor-
tée des États-Unis, vient de lâcher!

Après quelques secondes de désarroi mêlé
d'effroi, Valérie fait la seule chose qu'il y a à
faire : elle éclate de rire. Et Stéphane arrive bientôt pour redresser le dossier, me permettant de
franchir le porche de la cathédrale le dos droit
– mais la tête toujours penchée, hélas!

Ah, la chienne!

J'ai pour les chiens une affection particulière,
et ils me le rendent bien. Je ne parle pas seulement
de mes deux chiens, Nimbus et Dandy, mais de
tous les représentants de la race canine. J'en veux
pour preuve que, habituellement, ils pissent dans
mes chaussures, signe de reconnaissance et de bien-
être s'il en est.

Câline, la chienne labrador de ma sœur, ne fait
pas exception à la règle, mais depuis le temps que

nous nous connaissons, elle n'a plus besoin de se livrer à ces manœuvres d'approche. Souvent d'humeur badine, elle ne demande qu'à jouer. Mais comment jouer avec moi qui, malgré tous mes efforts, n'ai encore jamais réussi à lancer des balles – pas plus qu'à faire tourner les tables, je tiens à le préciser – grâce à la seule force de mon esprit ? Un soir, en plein dîner, abandonnée de tous, trop occupés à apprécier les mets, Câline décide de prendre la direction des opérations et de mener le jeu. Dans l'indifférence générale, elle commence à tirer délicatement la manche de ma chemise. Puis, ne rencontrant aucune résistance de ma part et n'entendant aucun reproche de celle des autres convives, elle s'enhardit, tire avec de plus en plus de conviction, comme si elle voulait me sortir de mon immobilité. La chienne finit par y parvenir au-delà de toute espérance : tandis que ma chemise résiste à son coup de canine, je rends les armes... et disparais sous la table. Remarquant soudain un espace vide dans le cercle des convives, tout le monde s'émeut...

J'écris, donc je suis

J'ai bu mon jus d'orange quotidien. *L'Équipe* est ouvert devant moi. À la radio, les nouvelles du jour sont plutôt moins mauvaises que d'habitude. Mes enfants viennent de partir en cours, et ma femme au travail. La maison est calme. Il fait beau. Ce soir, je vais assister à un concert de rock. Tout va bien.

Mais, en arrivant dans mon bureau, soudain rien ne va plus. Mon ordinateur est en panne. Je ne peux plus écrire, donc je ne peux plus rien. Je suis non seulement dépendant des autres mais aussi dépendant de la technologie. Je suis bien peu de chose.

Les femmes et les enfants d'abord ?

Sortant de la projection de *OSS 117*, nous étions d'humeur plus que joyeuse, Stéphane et moi. Mais il était dit que ce jour-là notre gaieté ne durerait pas. Nous nous trouvions au deuxième étage du cinéma de Neuilly, l'un des deux ascenseurs était en panne, les pompiers de garde, qui peuvent d'habitude me descendre à bout de bras, en grève. Il fallait donc faire la queue devant l'ascenseur, la majorité des spectateurs ayant visiblement décidé de ménager leurs mollets.

Pour tromper l'attente et tenter de calculer combien de temps il nous faudrait patienter, j'entrepris de regarder les autres candidats à l'ascenseur. Natif du Charolais et, de ce fait, expert en monde bovin, je remarquai que ma voisine avait « l'œil mauvais », à l'instar de certaines vaches prêtes à vous renverser si d'aventure vous croisez leur chemin ou venez paître sur leur pré carré. L'air alerte, à défaut d'avoir la mine guillerette, elle aurait très bien pu emprunter l'escalier et laisser un peu de place aux personnes âgées… et à moi, par la même occasion – après tout, je suis retraité, malgré moi mais retraité quand même !

Mais non, elle ne l'entendait pas ainsi et me toisait d'un regard arrogant et hautain, repoussant ostensiblement mon fauteuil pour me faire comprendre qu'elle serait sans pitié. À cause d'elle, le cinéma de Neuilly était ce jour-là semblable à un navire en perdition. « Les femmes et les enfants d'abord. »

Les gens sont ce qu'ils sont…

Affirmer que tout le monde est beau et gentil me semblerait le signe d'un optimisme béat que je n'ai pas encore atteint. Prétendre au contraire que tout le monde est affreux et méchant relèverait d'une aigreur à laquelle, Dieu merci, j'échappe. Disons qu'il faut de tout pour faire un monde et, dans ce monde, notre monde, les extrêmes cohabitent, ce qui permet d'apprécier les beaux et les gentils à leur juste valeur et de relativiser l'attitude des affreux et des méchants…

Bien sûr, quelle idée d'aller à la Fnac un samedi après-midi de juin, alors qu'il fait chaud, qu'il y a foule à la veille de partir en vacances et qu'avec mon fauteuil je suis encombrant. Mais puisque ma femme et moi avons décidé, sans même avoir besoin de nous concerter, de tout faire pour continuer à vivre le plus « normalement » possible, il n'y a aucune raison pour que je n'aille pas à la Fnac en même temps que tout le monde…

Il n'empêche qu'en voyant la file d'attente aux caisses, je ne suis pas loin de m'en vouloir d'être venu là. Stéphane, quant à elle, n'a pas besoin de parler pour que je sente son énervement et sa lassitude. Je suis sûr que nous pensons la même chose : notre volonté de vivre normalement tient parfois du déni ou de l'inconscience !

Notre agacement se lit-il sur nos visages ? Un homme d'une cinquantaine d'années s'approche et nous propose de prendre sa place, dix personnes avant nous, soit un bon quart d'heure de queue en moins.

Voilà un geste tout simple, comme un signe de bonne éducation quand on nous apprend à faire attention à ceux qui nous entourent et peuvent avoir l'air en difficulté. Alors, pourquoi m'a-t-il frappé ?

Quelques instants plus tard, en sortant du magasin, Stéphane et ma fille Juliette peinent à me rentrer à l'arrière de la voiture. Je déteste cette situation en général, et plus particulièrement quand c'est ma femme qui s'y colle. Je me sens gêné de la voir déployer tant d'efforts et ressens d'autant plus cruellement mon immobilité. Ah! si seulement...

Ce samedi, passe à côté de nous une 205 GTI noire avec queue de Davy Crockett suspendue au rétroviseur intérieur et klaxon italien. Le conducteur et son passager, deux bellâtres bronzés, sifflent mes accompagnatrices et leur lancent un « bon courage » plein d'ironie et de morgue. Dire que, quelques minutes plus tôt, grâce à la gentillesse du monsieur à la caisse, j'avais cru en la bonté du genre humain... Décidément, les êtres se suivent et ne se ressemblent pas.

Comme un carton de déménagement

Il y a des jours moins fastes que d'autres, des jours où, allez savoir pourquoi, j'ai l'impression que j'encombre, qu'on ne fait plus attention à moi...

D'abord, ce fut la sortie de la voiture. Mon nouvel auxiliaire de vie, encore peu habitué à la manœuvre, me laissa un long moment à l'arrière du véhicule où je n'avais d'autre choix que de regarder la plaque d'immatriculation et de respirer les émanations du pot d'échappement. Triste paysage.

Un peu plus tard, des amis, déjà légèrement éméchés, réussirent à me porter pour descendre l'escalier, dos tourné à la descente afin que je ne risque pas de basculer en avant. Hélas, sitôt la dernière marche franchie, ils me plantèrent pour aller se rafraîchir un peu après tant d'efforts. Face à l'escalier que je venais de descendre grâce à eux, j'essayais de me réjouir d'être encore vivant pour le contempler.

Pouvais-je en vouloir aux uns et aux autres ?

De quoi me plaindrais-je ?

Seul au bord de ce lagon dont je ne me lasse pas, j'ai l'impression que l'on m'a oublié là, mais je ne m'en plains pas puisque le soleil au zénith réchauffe ma carcasse. Deux très jolies jeunes femmes viennent soudain interrompre ma méditation, ce qui n'est pas pour me déplaire. L'une d'elles me confie que son mari est handicapé lui aussi et qu'elle aimerait bien pouvoir l'installer près de moi afin qu'il profite de la vue. Comment refuser ? Nous grillerons en chœur... mais pas en silence, car la jeune femme a besoin de « vider son sac » et ne s'en prive pas, subodorant sans doute que je peux comprendre ses états d'âme. Disons, pour résumer, qu'elle s'étonne du sort réservé aux handicapés, admire son mari et ses collègues en douleur qui ne se plaignent jamais, avoue des envies de moucher tous les bien portants qui geignent pour un rien.

Doit-on en conclure que tous les handicapés sont des héros dotés d'une force d'âme et de caractère dont leurs semblables qui marchent sur leurs deux pattes sont totalement dépourvus ? C'est peut-être aller un peu vite en besogne.

D'abord, les handicapés, comme les autres, se plaignent de divers maux physiques qui les assaillent et dont ils souhaitent être délivrés, parce qu'il ne faut pas abuser des mauvaises choses.

Cependant, ils savent faire le tri entre ce qui les gêne vraiment et ce dont ils peuvent s'accommoder.

Pour le reste, de quoi pouvons-nous donc nous plaindre ? de ne pas pouvoir marcher, faire du sport, serrer dans nos bras ceux que nous aimons, avoir des gestes d'attention et d'affection… ? Tant de choses nous sont désormais interdites que, si nous commençons à nous lamenter, nous risquons fort d'être emportés dans un torrent de désespoir qui nous paralysera l'âme alors qu'elle est intacte. Aussi, plutôt que de pleurer sur nous-même, nous préférons profiter de ce que nous pouvons faire encore. C'est en tout cas l'option que j'ai choisie. Mon fauteuil ne parvient pas à gâcher l'émerveillement qui me saisit à la vue de certains paysages, il ne m'empêche pas de m'évader en écoutant de la musique. Et pour montrer à ma femme, mes enfants, ma famille et mes amis que je les aime et combien ils me sont précieux, je fais marcher mon imagination.

Privé de l'usage de la parole, je réserve mes battements de paupières à des choses qui me paraissent essentielles. Pour le reste, il en faut beaucoup pour me prendre la tête – puisque c'est la seule partie de mon corps qui fonctionne, je la préserve! – et je relativise sans mal. D'où, parfois, mon incompréhension, voire mon agacement, quand mes proches se laissent envahir par des problèmes que je juge dérisoires. Ce que, au grand dam de ma femme, j'appelle des « états d'âme » me semble un luxe, en tout cas ils ne méritent pas qu'on s'y attarde et en fasse une montagne.

Jean-Louis

Jean-Louis est mon ami. Bûcheron dans la forêt de Tronçais, il est incollable sur les différentes essences qui la composent. Nous nous connaissons depuis toujours, ou presque, et partageons une même passion pour la nature.

Après mon accident, Jean-Louis a fortement contribué à ce que l'on pourrait appeler ma résilience. Ce géant charismatique qui pesait un bon quintal continuait à m'emmener dans la forêt, me soulevait comme une brindille, choisissait toujours les meilleurs postes d'observation, me demandait mon avis sur tel animal ou tel arbre… Mais l'expédition n'était parfaite que si nous avions avec nous un « pâté aux patates », spécialité régionale faite de pâte feuilletée, de pommes de terre et de crème épaisse qu'il dévorait d'un bel appétit, sans jamais oublier de m'en garder une part afin que je puisse me régaler plus tard. Grâce à lui, la forêt s'était mise à revivre, et moi avec : sa gouaille, sa joie naturelle et sa générosité m'ont redonné une bonne part de ma mobilité psychologique.

En 2007, Jean-Louis a été grièvement blessé par la chute d'un arbre qu'il venait de couper. Je ne l'ai revu qu'à sa sortie du coma : il avait perdu cinquante kilos, parlait avec difficulté, se déplaçait en s'appuyant sur une canne. Difficile de dire mon émotion en le voyant ainsi. Entre nous, nous n'avons pas parlé de « ça », cet accident, stupide comme tous les accidents, parce qu'il n'y a rien à en dire, sinon des banalités douloureuses et qui n'avancent à rien. Il avait désormais besoin, comme moi, de quelqu'un pour l'accompagner en forêt. Il mangeait moins de pâté aux patates, et moi aussi. Mais il avait gardé son tempérament taquin, qu'il exprimait en tapotant mon fauteuil avec sa béquille. J'aurais aimé qu'il puisse taper beaucoup plus fort et me bousculer...

Depuis, Jean-Louis a décidé délibérément de nous quitter. Pourtant, il semblait récupérer, lentement mais sûrement. Trop lentement sans doute, pour lui qui dévorait la vie comme le pâté aux patates, avec appétit, enthousiasme, authenticité et énergie. Ma tristesse, immense, se double de regret : celui de n'avoir pas réussi à lui redonner ce qu'il m'avait insufflé.

Po-si-ti-vons !

Mais oui, soyons positifs, que diable! D'abord, c'est à la mode. Tous les gourous gardiens de notre bonne santé physique et psychique ne cessent de vanter les vertus de la pensée positive. Alors, avouons qu'être handicapé ne présente pas que des inconvénients. Ou, plus exactement, les inconvénients sont déjà assez nombreux pour qu'on ne se sente pas obligé d'en rajouter. Voilà pourquoi, pour ma part, j'ai appris à repérer tous les avantages que ma situation me procure et à en profiter pleinement, aussi anodins et dérisoires soient-ils. Je crois que les psychanalystes parlent de « bénéfices secondaires » ; je ne vois aucune raison de m'en priver.

LÉGUME VERT

Petites consolations

Elles sont plus nombreuses qu'on ne pourrait le croire. Par exemple, lorsque j'ai froid dehors, je rentre au chaud plus vite que les autres. Et si d'aventure je trouve que mon entourage traîne un peu, j'invoque l'extrême fragilité de mes bronches. Ou encore, lorsque je suis fatigué, je peux aller me coucher avant tout le monde, sans attendre la fin du dîner. Parfois même, les invités se pressent et se battent pour m'aider à me mettre au lit. Finalement, les gens sont plus gentils qu'on ne pense...

Mais le plus jubilatoire reste de couper une queue au cinéma ou au musée. Si l'on réfléchit bien, c'est assez drôle d'épargner ce pensum aux handicapés : ils sont les seuls à attendre tranquillement assis dans leur fauteuil, tandis que les valides sont condamnés à piétiner. Cela étant dit, je profite de cette faveur qui nous est faite sans aucun état d'âme. Le scénario est le même à chaque fois : la personne qui m'accompagne m'installe près de la porte avec vue imprenable sur la file d'attente dans laquelle elle s'immisce, faisant taire les remarques acerbes en me pointant du doigt. Aussitôt, les uns et les autres se précipitent pour tenir les portes à battants qui, sans leur aide, se refermeraient violemment sur mon nez. Durant le court laps de temps que dure la scène, j'évalue d'un coup d'œil le nombre de personnes que je grille. Plus il y en a, plus je me réjouis! D'après mes calculs, affinés au fil de l'expérience, cent personnes représentent un gain de temps de dix minutes, dix précieuses minutes qui me permettent de ne manquer ni les bandes-annonces, ni les pubs. Consolation dérisoire? Pas tant que ça. Si je gagne du temps, c'est bien que je ne perds pas sur tous les tableaux. Au cas où je serais porté à le croire…

Ça va mieux en le disant

Être handicapé oblige à composer avec les frustrations et les renoncements. Combien de fois ai-je dû reculer devant des escaliers trop hauts, des portes et des ascenseurs trop étroits?

En pareilles circonstances, il m'arrive de faire preuve d'un semblant de sagesse et de rester d'un calme olympien – de toute façon, je ne peux même pas taper du pied pour exprimer mon mécontentement. À d'autres moments, allez savoir pourquoi, la moutarde me monte au nez.

C'est le cas en ce jour d'octobre 2008 où je me fais une joie d'aller assister à quelques beaux matchs de tennis au Palais omnisports de Bercy. Hélas, un petit problème de programmation – totalement indépendant de la volonté des organisateurs, selon la formule consacrée – contraint les spectateurs du court central à se carapater vers un court annexe où aura lieu le match-vedette pour lequel j'ai fait le déplacement. Pas de quoi en faire un drame, sauf que ce court annexe ne possède pas d'emplacement réservé aux handicapés. Moyennant quoi, le grand balèze chargé de la sécurité me signifie que je n'ai qu'à rebrousser chemin.

Je suis furieux, hors de moi. J'ai payé ma place soixante euros et je me fais virer sans autre forme de procès. Je fulmine, encourage mon accompagnateur à râler à ma place, mais il est ce jour-là beaucoup plus philosophe que moi, me dit que ça ne sert pas à grand-chose, que ce type se contente d'appliquer les consignes qui lui sont données et ne peut rien pour moi.

Cette sage attitude ne parvient pas à me ramener à plus de calme. À peine rentré à la maison, je me colle devant l'ordinateur pour envoyer un mail incendiaire au Palais omnisports, qui ne tarde pas à me répondre en s'excusant platement et… en m'invitant pour le lendemain.

Moralité : ce n'est pas parce qu'on ne parle pas qu'il faut fermer sa gueule !

Au voleur !

Comme toujours, il y a du monde à la Fnac. Visiblement pressé, un jeune homme me demande si je fais la queue… et je tente de lui répondre à ma façon, en m'essayant à un hochement de tête qu'il ne décrypte pas.

Est-il furieux parce qu'il me prend pour un mal élevé ou désarçonné parce qu'il me croit débile ?

Toujours est-il qu'il oublie de s'arrêter à la caisse. Lorsqu'il arrive à la porte du magasin, les alarmes se mettent en marche et il est rattrapé par un vigile… auprès duquel il s'excuse en me désignant du doigt, m'accusant de l'avoir distrait, troublé. Au même moment, poussé par Emmanuel qui a fini nos emplettes, je passe le portique sans sonner et profite de l'occasion pour prendre une petite revanche sur ce jeune effronté qui voulait me faire porter le chapeau de son larcin : je vante la sécurité de ce magasin au vigile… qui m'offre une ristourne pour ma prochaine visite !

Le pouvoir des faibles

Olympia, juillet 2009. La salle est pleine à craquer et l'ambiance, électrique. Mes collègues en douleur et moi-même sommes sagement alignés juste derrière les techniciens. Nous ne gênons pas et, normalement, ne devrions pas être gênés. Mais un molosse de près de deux mètres et quelque cent kilos (à vue d'œil), la démarche titubante, manque de tomber sur mes genoux. Le géant à la coupe de cheveux façon GI a visiblement le vin mauvais – à moins que ce ne soit la bière : la mine belliqueuse, il marmonne, s'énerve, fait des gestes désordonnés. Ce n'est pas par lâcheté, mais je ne bouge pas. Bien qu'à peine en meilleur état que moi, mon voisin de gauche lui tapote courageusement le dos et lui demande de se pousser. Le géant se retourne brusquement, prêt à la castagne, mais voyant la bande d'éclopés à qui il a affaire, il s'en va sans discuter.

Mon voisin soupire : « Je n'ai rien à craindre puisque je n'ai plus rien à perdre. » Je ne saurais mieux dire.

À vot' bon cœur

Comme tous les ans, le Père Noël a été généreux avec mes enfants. Mais, s'il a apporté à Juliette le DVD dont elle rêvait, il s'est montré trop moderne et a choisi une version Blu-ray qu'elle ne peut pas regarder puisque nous sommes beaucoup moins high tech que le vieux barbu à bonnet rouge.

Le lendemain, je décide donc de me substituer à lui et de retourner à la Fnac pour échanger le DVD en question. Hélas, Juliette, tout à son enthousiasme, a déjà enlevé le film plastique, ce qui risque de compliquer mon affaire.

Qu'à cela ne tienne, pour parvenir à mes fins, je suis prêt à sortir le grand jeu. Flanqué d'Emmanuel, j'arrive donc à la Fnac pas rasé, pas coiffé, m'applique à pencher la tête plus encore que de coutume, m'aidant pour cela de quelques quintes de toux qui m'arrachent des larmes. Face à cette apparition mal en point, l'employé de l'accueil a bien du mal à retenir les siennes... et m'échange aussitôt le DVD.

Pas peu fiers de notre petit numéro, Emmanuel et moi décidons de pousser le jeu plus loin. De retour à la maison, il m'affuble d'un vieux châle troué et, malgré le froid glacial de cette fin décembre, installe mon fauteuil à l'angle de la rue Kléber et de la rue Danton, juste devant la maison. Puis il pose une petite soucoupe sur mes genoux avant de me planter là et de s'en retourner bien au chaud, pour me surveiller derrière la vitre. Tandis qu'il boit un thé brûlant, je reste dans le courant d'air, tête baissée, secoué de tremblements dus au froid autant qu'à mon désir d'apitoyer les foules.

Durant un quart d'heure, six personnes s'arrêtent successivement pour me venir en aide. Elles jettent quelques pièces dans ma sébile, s'inquiètent de mon sort et, comprenant que je suis muet, ajoutent quelques pièces supplémentaires…

Lorsque Emmanuel vient me délivrer, je n'ai pas de quoi nous offrir un bon gueuleton, mais assez pour un sandwich.

Sixième sens ?

Se pourrait-il que, du temps de mon coma, quelque chirurgien démiurge ait greffé à mon insu un GPS dans mon cerveau ? Je n'y crois pas et cependant, sur la route, je détecte tous les radars sans jamais me tromper.

Le seul hic, c'est que je ne réussis jamais à avertir le conducteur à temps. En général, lorsque enfin un passager s'aperçoit de mes signaux et me décrypte, je me borne à dire qu'on vient de passer un radar. À quoi l'on me répond invariablement : « Trop tard ! » Moi qui voudrais rendre service…

J'y parviens parfois, mais de façon involontaire. Comme ce jour où, sur les routes marocaines, j'avais compté plusieurs dizaines de radars en l'espace de deux cents kilomètres sans prendre la peine d'en avertir l'ami qui conduisait et qui finit par se faire prendre. Là-bas, le montant de la contravention pour excès de vitesse n'obéit à aucun barème précis ; il se négocie et se décide à la gueule du client, pour atterrir directement dans les poches de ceux qui verbalisent.

Mais avant d'entamer le marchandage, nos deux policiers, soucieux de procéder dans les règles, demandèrent ses papiers à mon ami. Du doigt, celui-ci leur indiqua la boîte à gants, en prenant la peine de préciser que mes genoux en bloquaient l'ouverture. L'un des policiers se pencha alors par la vitre ouverte pour me prier de bien vouloir me pousser. Découvrant à qui appartenaient ces genoux gênants, il se contenta d'un signe de la main pour nous inciter à poursuivre notre chemin. Comme quoi, je sers à quelque chose.

PO-SI-TI-VONS!

Sans tabou

Il fait beau et doux, et Capucine, jupe courte et talons aiguilles, décide soudain de m'emmener faire un tour, sans me préciser où elle compte aller.

Premier arrêt au vidéoclub, où il y a foule en ce samedi après-midi. Décidée et sûre d'elle, Capucine nous dirige vers le rayon « porno ». Je me garde bien de protester, au contraire ce petit jeu m'amuse. Nous négocions serré pour nous mettre d'accord sur un film qu'elle pose bien en évidence sur mes genoux. À la caisse, tout le monde nous regarde avec des airs de commisération, mais il en faudrait plus pour nous décourager.

Capucine prend ensuite le chemin du supermarché et jette cette fois son dévolu sur le rayon « vins et spiritueux ». Là, même manège, elle prend une bouteille de whisky qu'elle pose ostensiblement sur mes genoux. Cette fois, à la caisse, les clients s'écartent pour nous laisser passer, se gardant bien de tout commentaire.

Le DVD sur un genou, la bouteille sur l'autre, nous sommes prêts à nous rendre à la boulangerie puisque c'est l'heure du goûter. Est-ce par gentillesse ou par pitié ? Ce jour-là, la vendeuse m'offre une tartelette aux fraises.

Quelle est donc la finalité de ce jeu auquel nous nous livrons, ma fille et moi, complices en provocation ? Vérifier une fois de plus qu'un handicapé peut se permettre toutes les excentricités sans s'attirer les foudres de personne ? À cause de notre état, les gens nous regardent avec commisération, parfois même un peu de pitié pour les malheureux que nous sommes, frappés par le destin. Notre handicap fait de nous des intouchables d'un genre particulier, comme si la loi des hommes ne nous concernait plus. Nous ne sommes pas au-dessus, mais en dehors. Dans certains pays, les handicapés sont élevés au rang de saints en puissance. Que font-ils pour mériter tant d'honneur ? Rien d'autre que de rester dans un fauteuil.

En France, nous ne sommes certes pas considérés comme des saints. Mais si certains râlent quand nous réclamons, par exemple, des aménagements spéciaux dans les villes, la plupart sont favorables à ce que l'on améliore nos conditions de vie.

Ceux-là pardonnent nos faiblesses, excusent nos erreurs, comme si nous n'étions pas tout à fait responsables. Et les mêmes qui condamnent sans réserve les pornographes et les alcooliques trouvent aux handicapés des excuses à ces conduites. Allez comprendre.

Optimiste malgré soi

Parce qu'il n'a pas assez de muscles dans le dos et la nuque, un tétraplégique ne peut pas se retourner; il ne voit donc jamais ce qui est derrière lui. S'en moque-t-il? En tout cas, tout occupé à regarder devant lui, il ne fait jamais marche arrière. Autrement dit, il se détache du passé pour se concentrer sur l'avenir.

J'en déduis qu'un handicapé est « naturellement » optimiste. Et plus le handicap est grand, plus l'optimisme est de rigueur.

Attention, fragile!

Si l'on en croit les statistiques, l'espérance de vie d'un locked-in est largement inférieure à celle de l'ensemble de la population. Il faut dire que pareil accident entraîne une grande fragilité, et quelques effets secondaires que l'on découvre peu à peu et qui nécessitent certaines précautions et autres aménagements.

Afin de parer autant que faire se peut à tout pépin de santé, je ne me déplace jamais sans une trousse de premiers secours assez conséquente. Grâce à cela, je ne crains (presque) plus rien… J'ai pu le vérifier récemment, alors que nous étions bloqués au Maroc par le nuage de cendres en provenance du volcan Eyjafjöll. J'avais sur moi assez de remèdes divers pour tenir plusieurs semaines. N'eût été la crainte de passer pour un épouvantable esclavagiste, obligeant son auxiliaire de vie à faire non plus des heures mais des jours supplémentaires, j'aurais été ravi que ce satané nuage paresse un peu plus longtemps au-dessus de la France.

Les nerfs à fleur de peau

Conséquence de mon accident et de ma paralysie, non seulement je bave mais, pour couronner le tout, je pleure pour un oui pour un non. Enfin, pas tout à fait, mais je dois me méfier des émotions fortes, toutes les émotions un peu trop fortes : tristes ou joyeuses, elles me transforment en fontaine.

Chose curieuse, ce débordement lacrymal s'observe chez les quelque cinq cents locked-in actuellement recensés, mais nul n'a pu à ce jour fournir une explication satisfaisante à ce que l'on pourrait appeler le syndrome de la Madeleine.

Toujours est-il que, aux débuts de ma carrière de handicapé, ma pudeur s'accommodait mal de ces démonstrations, proches à mes yeux de l'exhibition.

ATTENTION, FRAGILE!

Mais puisque pleurer faisait partie du nouveau rôle que la vie m'obligeait à tenir, j'ai un peu outré mon jeu. À Garches, dès que j'avais besoin de quelque chose, je versais ma larme. Que dis-je! des torrents de larmes, accompagnés de gémissements. Je mimais ainsi, de façon bruyante et spectaculaire, un gros chagrin destiné à alerter les blouses blanches qui s'empressaient d'accourir. Mes prestations me valurent d'être surnommé « la sirène », à l'instar de celles qui, en temps de guerre, sonnent l'alerte générale et incitent les civils à se mettre à l'abri. Hélas, à Garches, ce furent les blouses blanches qui tinrent bientôt le rôle de civils. Il fallait me rendre à l'évidence, mon jeu n'impressionnait plus personne, finissait par déranger les autres pensionnaires... Ce constat calma quelque peu mes ardeurs mais, désormais, je savais que je disposais d'une arme formidable pour alerter mon environnement.

C'est pour éviter que je ne m'abîme les yeux à trop pleurer que l'ergothérapeute de Kerpape mit à ma disposition cet instrument magique qu'est James, mon contrôleur d'environnement. Pourtant, quelles que soient les performances de James, il ne peut rien contre le syndrome de la Madeleine, il m'empêche juste d'en rajouter dans la démonstration larmoyante.

Full ou brelan

Mes nerfs à fleur de peau représentent un handicap pour le joueur de poker que je suis. Oui, un locked-in peut jouer au poker, il suffit que quelqu'un tienne mes cartes. Pour le reste, je ne suis pas plus bête qu'un autre. Mais, dès que j'ai du jeu, je deviens écarlate, transpire, mes mains se mettent à trembler, autant dire que mes compagnons de tripot pressentent aussitôt qu'ils ne doivent pas me suivre.

Néanmoins, au fil des parties, j'ai appris à ne rien montrer, ni contentement ni déception, et la patience dont je fais preuve m'étonne moi-même. Mais je n'arrive pas à savoir si c'est ma situation qui la favorise ou si le poker constitue une remarquable école de contrôle de soi.

Dans tous les cas, à une table de poker, je ne suis pas loin de me prendre pour un vieux sage…

Minerve

Constatant que je ne loupais pour rien au monde la retransmission d'un match de tennis, l'une de mes auxiliaires de vie débutante me demanda si j'étais déjà allé à Roland-Garros. Question à laquelle je répondis par un éclat de rire, tandis que la jeune femme, confuse, comprenait son erreur. En effet, l'une des particularités d'un locked-in est d'être plus ou moins paralysé de la nuque, donc de ne pouvoir tourner la tête qu'au prix de (très) gros efforts et avec une lenteur qui lui assure de manquer le meilleur d'un échange sur un court de tennis.

Cerise sur le gâteau, depuis ma sortie de Garches il y a dix-huit ans, je souffre d'une contracture permanente dans le cou. À cause de cela, les gens trouvent que j'ai la gueule de travers, et moi, je vois le monde à l'oblique. Durant les matchs de foot, je plains l'équipe qui joue à droite, car elle me donne l'impression d'avoir besoin de gravir une pente pour marquer, tandis que celle de gauche me donne l'impression de la descendre... Mais cela ne me gêne pas outre mesure, je me suis habitué à ce monde de traviole, façon tour de Pise.

Et voilà qu'au bout de dix-huit ans, fortement encouragé par mes kinés, j'ai décidé de m'essayer au port de la minerve ; mon mal devait être flagrant, la pharmacienne me l'a donnée sans réclamer d'ordonnance et a elle-même installé la chose.

Tête droite, j'ai trouvé que le monde avait soudain un drôle d'air. C'est tout juste si je reconnaissais mon quartier, ma rue, ma maison. Mais je dois avouer qu'en dix-huit ans je n'avais jamais eu de trottoirs aussi dégagés devant mes roues : avec mon look à la Erich von Stroheim, les gens s'écartaient sur mon passage.

Consciencieusement, et toujours selon les conseils de mes kinés, je me suis obligé à porter ce truc au moins une heure par jour, mais sans enthousiasme : mon cou, mes trapèzes souffraient de ce traumatisme que je leur infligeais, et mon oreille, invariablement coincée sous la coque en plastique, attendait impatiemment l'heure de la délivrance. Comme si cela ne suffisait pas, à la contrainte et à la douleur s'ajoutaient des démangeaisons qui me tapaient légèrement sur les nerfs. Et tout ça pour un résultat moins que probant. Après plusieurs mois de tentative d'apprivoisement de cette camisole, la contracture persistait et moi, je me lassais. Mieux valait se faire une raison : une fois de plus, il n'y aurait pas de miracle.

De toute façon, je me suis habitué au monde tel que je le vois. Il est de guingois, comme moi.

Concentré (mais non centré) sur mon nombril

« Respirez dans votre bras. » La première fois, l'expression m'a paru étrange, pour ne pas dire farfelue. Comment pouvais-je bien respirer dans mon bras ? Mais mon ami Patrick, yogi réputé, savait parfaitement où il voulait m'emmener.

Au fil des séances, il m'a ainsi accompagné à la découverte et à la prise de conscience de chaque partie de mon corps. Et grâce au yoga notamment, mais aussi au shiatsu, j'ai redécouvert ce corps qui tendait à m'échapper et me suis mis à son écoute, guettant tout dysfonctionnement avec une attention presque obsessionnelle.

Certains penseront peut-être que, ayant connu le pire, je n'ai plus grand-chose à craindre. Erreur! Grossière erreur! J'épie tout graillonnement suspect de mes poumons – le foyer infectieux se trouve-t-il à droite ou à gauche? – , dissèque chaque migraine pour tenter de ressentir si ce sont les yeux ou les sinus qui en sont la cause, demande à mes infirmières de vérifier l'état de mon sacrum lorsque mon fauteuil s'est aventuré sur des terrains trop chaotiques et les harcèle pour obtenir des nouvelles de mon talon gauche sur lequel mon fidèle fox Nimbus passe toutes les nuits.

Cette écoute me permet de sentir que, loin d'être le bout de bois mort dont il donne l'apparence, mon corps continue d'être vivace, bourdonnant et en état de marche. Et le préserver au mieux est devenu une véritable obsession. Mon souhait n'est pas d'enterrer tout le monde, mais de vieillir le mieux possible. Question douleurs et fragilités, j'ai déjà mon compte, je n'ai donc aucune envie d'en ajouter de nouvelles alors que je peux les prévenir.

Bien entendu, cette préoccupation inquiète de mon corps et de ses maux pourrait laisser penser que je suis entièrement centré sur mon nombril. Heureusement, pour l'instant, ce n'est que physique!

Enfin vacciné!

Alerte rouge! L'épidémie de grippe A menace la France, et le gouvernement lance un plan de prévention d'une ampleur sans précédent. Certains ricanent, pas moi. Visage livide, bave aux lèvres, cheveux sales et pas coiffés, corps recroquevillé par le froid... C'est dans ces atours de pauvre chose souffreteuse que je me présente au centre de vaccination.

Tant pis pour moi, je ne fais pas partie des prioritaires. Il n'y a pas à s'en étonner: tout le monde est d'accord pour protéger un enfant ou une jeune maman, tandis qu'un handicapé... Au point où il en est, il ne va pas faire des manières devant un virus, fût-il potentiellement mortel. Et puis quoi encore?

Eh bien, justement, le handicapé, qui en a vu d'autres, n'entend pas se laisser abattre définitivement par une grippe. Quelle mort ridicule!

Une semaine plus tard, je retourne donc au centre de vaccination avant l'heure d'ouverture au public. Cette fois, Emmanuel s'en mêle, insiste sur l'importance du vaccin compte tenu de la fragilité de mes poumons. Pris d'une quinte de toux qui me secoue des pieds à la tête, je confirme ses propos bien malgré moi.

Passant par là, le délégué du maire me reconnaît, promet de s'occuper de mon cas. Ce qu'il fait, encore plus vite que je n'osais l'espérer : je suis vacciné avant l'ouverture.

Vertige

Sans vouloir paraître prétentieux et jouer Superman, je peux dire que, avant de me retrouver dans mon fauteuil, je n'avais peur de rien. J'étais même amateur de ce que l'on appelle les sensations fortes, au point de les rechercher si elles ne venaient pas à moi.

Ayant connu le pire – encore que, en matière de pire, il soit difficile d'établir une hiérarchie fiable –, je ne devrais plus avoir peur de rien. Sauf que, au contraire, mon état entraîne des effets secondaires indésirables : des phobies. Parmi les plus récurrentes, citons la claustrophobie, l'arachnophobie, une peur bleue de la vitesse que j'aimais tant et le vertige.

Des psychanalystes se penchant sur mon cas m'inciteraient peut-être à aller chercher du côté de ma petite enfance, de mes angoisses de séparation ou d'un œdipe mal digéré. Je crois, hélas, que les choses sont beaucoup plus simples. Je redoute la vitesse car je suis incapable d'appuyer sur une pédale de frein. Les araignées me terrifient parce que je ne peux ni les repousser ni les écraser. La foule m'angoisse parce qu'il m'est impossible de m'enfuir en cas de nécessité. Si j'ai peur, c'est parce que je suis condamné à subir certaines choses, et trop conscient de ma totale impuissance à réagir, à contrôler quoi que ce soit.

La première fois que j'ai éprouvé le vertige, c'était lors d'une balade sur le port de Noirmoutier.

Pour m'offrir la meilleure vue possible, mon aide de camp m'emmena sur la jetée et bascula légèrement mon fauteuil, afin que je puisse apprécier la beauté des voiliers. Attention ô combien délicate, sauf qu'il avait oublié de me sangler et, l'espace d'un instant, je me suis senti tomber dans le vide… Je n'ai pas eu mentalement le temps de m'écraser sur un mât, car le léger mouvement de mon corps alerta le distrait qui me retint aussitôt par l'épaule.

Il n'empêche que, depuis ce jour, les ponts, pontons et autres passerelles me terrifient. À chaque fois, c'est plus fort que moi, je regarde, terrorisé, le vide que je surplombe, inquiet à l'idée de ne pas le surplomber longtemps encore. L'une des soirées les plus éprouvantes de ma vie fut celle où je participai à une émission de télévision où, allez savoir pourquoi, tous les intervenants étaient perchés sur des plots à un mètre du sol! Sentant le vide dans mon dos, j'essayais de ne pas imaginer que j'allais y tomber bientôt, sans succès. Sublime ironie, l'émission était consacrée à… l'euthanasie! Pour un peu, je leur aurais volontiers demandé de m'administrer sur-le-champ, en direct, une injection létale, lançant malgré moi un nouveau concept de télé-réalité.

La guêpe

Pour être plus juste, je me dois de préciser que l'arachnophobie évoquée plus haut se double chez moi d'une peur viscérale de tous les insectes et bestioles susceptibles de s'en prendre à moi, cible rêvée puisque immobile et sans défense.

Canicule sur le golfe de Porto-Vecchio. Une brume de chaleur opaque brouille l'horizon, et pas un souffle de vent pour la chasser. Des guêpes tournoient autour de moi, sans doute attirées par les vestiges sucrés de mon petit déjeuner.

L'une d'elles, plus effrontée ou peut-être plus affamée, vole au ras de mon visage. Je ne vois plus qu'elle. Je n'entends plus qu'elle. Je suis seul dans la pièce et le combat, inévitable, me paraît bien inégal : elle est libre comme l'air, rapide, vive ; je ne peux pas bouger.

Son odorat la guide vers mon menton, où elle se pose avec une certaine délicatesse. Dans un réflexe sécuritaire, je ferme la bouche le plus hermétiquement possible et contracte mes narines, espérant l'empêcher de s'y engouffrer. L'espace d'une seconde, j'ai l'impression de me retrouver dans un film d'horreur, ce qui me ferait sourire si la guêpe ne s'approchait maintenant de mes lèvres. Je sens ses petites pattes crochues qui les piétinent, tandis qu'elle prend tout son temps pour se régaler de quelques paillettes de sucre. J'ai tellement peur qu'elle trouve une porte d'entrée que je fais des mouvements de tête : cela devrait l'exciter, mais elle est bien trop occupée à son festin.

Elle ne bronche même pas à l'arrivée d'Emmanuel qui, sans s'émouvoir, chasse l'importune d'un simple mouvement de la main.

Voilà la meilleure démonstration de mon impuissance à réagir aux aléas de la vie courante. N'ayant pas toujours James sous la main, et le battement de paupières étant peu efficace lorsque je suis seul dans une pièce, je ne peux appeler à l'aide.

D'ailleurs, à quoi bon déranger? Je n'essaie plus d'attirer l'attention quand je vois que le niveau de la jauge d'essence baisse dangereusement, de toute façon ce n'est pas moi qui pousserai. Je ne tente plus de réveiller Stéphane lorsque Nimbus vient s'affaler sur mes jambes en pleine nuit. Prenant mon mal en patience, j'essaie de deviner l'heure qu'il peut être en écoutant le rythme de la circulation au-dehors, et j'en déduis le nombre de minutes qui me séparent du moment où je serai enfin délivré de ce poids envahissant.

Ces quelques années d'immobilité et d'impuissance m'auront au moins doté d'une patience à (presque) toute épreuve. Enfin, c'est un peu vite dit. En réalité, je ressens l'impatience me chatouiller plusieurs fois par jour : dès que quelqu'un accomplit un geste dont je suis incapable et que j'imagine comment je l'aurais fait, c'est-à-dire forcément mieux… Mais je ne dis rien parce que ça n'en vaut pas la peine. Je réserve mes interventions à ce qui me paraît indispensable. Encore faut-il que je puisse intervenir.

LÉGUME VERT

La prunelle de mes yeux

Grâce à mon odorat d'épagneul, je savoure à l'avance les bananes flambées d'Emmanuel et peux déterminer combien de gouttes de rhum il y a versées. Je profite également de l'haleine de Nimbus, que j'apprécie particulièrement lorsqu'il me lèche goulûment juste après avoir nettoyé les caniveaux.

Grâce à mon ouïe, j'apprécie la musique à sa juste valeur et saisis les différences subtiles entre un concert d'AC/DC et le vacarme des marteaux-piqueurs, même lorsqu'ils creusent à l'autre bout de ma rue.

Grâce à mon goût, je déguste tous les mets que l'on a la gentillesse de bien vouloir mixer pour moi, et je ne confonds jamais vacherin et reblochon, ciboulette et estragon, thon rouge et thon blanc.

Je ne peux, hélas, plus toucher, mais ma peau apprécie la délicatesse d'un baiser, doux comme le cachemire et léger comme du voile de coton.

Mes sens fonctionnent, peut-être mieux qu'avant, et me permettent de jouir de nombre de plaisirs qui, grâce à eux, sont encore à ma portée. Mais le plus précieux de tous, c'est la vue.

Quelle serait ma vie si, par une de ces facéties qui ne font rire personne, mon accident m'avait de surcroît laissé aveugle? Je ne pourrais ni lire, ni écrire, ni regarder la télévision, ni aller au cinéma... Autrement dit, je ne pourrais rien faire et surtout pas me repaître de ce qui se trouve le plus souvent juste à hauteur de mes yeux : ma cuiller, et les fesses des femmes (je précise que je vois aussi celles des hommes mais que j'y suis nettement moins sensible).

Je me souviens d'avoir lu l'histoire d'un jeune homme qui, bien que n'étant pas locked-in, en avait tous les symptômes et, en prime, était aveugle. N'étant ni mari ni père, il ne cessait de demander que l'on abrège ses souffrances en l'aidant à mourir. Comme je le comprenais, moi pour qui ne s'est jamais posé la question de mourir ou de continuer à vivre. Ma femme en tout premier lieu, et aussi mes enfants, ma famille, mes amis proches m'ont tous si bien entouré que c'eût été une marque d'irrespect. Et puis, sans doute, le suicide n'est pas dans ma nature. Mais, privé de mes yeux, aurais-je été aussi vaillant et mon amour de la vie serait-il resté aussi solide ? Je préfère ne pas y penser. Et moi qui suis prêt à tenter toutes les opérations possibles si elles me permettent de retrouver un peu de motricité, je refuse catégoriquement que quiconque touche à mes yeux. Tant pis si je suis myope, je m'en accommode. Mieux, je m'en réjouirais presque : à travers ce léger brouillard, tous les gens sont beaux et nul ne vieillit.

Debout

C'est un article que j'ai lu et relu plusieurs fois. Un jeune chercheur mexicain a trouvé le moyen de diriger un fauteuil électrique avec le regard, tout en épargnant les murs de la maison... Voilà une découverte qui pourrait bouleverser mon existence.

Une seule chose me gêne : le conducteur dudit fauteuil doit s'affubler d'un casque de cosmonaute truffé de capteurs électroniques destinés à suivre les mouvements de ses yeux. Auparavant, il aura pris soin de se faire enduire le crâne d'un gel conducteur. Il ressemblera donc, dans un premier temps, à un danseur de tango argentin, avant de se transformer, par la magie de son couvre-chef futuriste, en Pr Nimbus du troisième millénaire. J'ai déjà la gueule de travers, ai-je vraiment besoin de me grimer davantage?

Soudain, l'invention de ce chercheur me tente moins. Je veux bien être pris pour un rat de laboratoire, à condition qu'on me fasse miroiter la seule chose qui me tente vraiment : me tenir debout et marcher.

Dépaysements…

Entre autres qualités que je n'énumérerai pas ici afin de ne pas la faire rougir, ma femme a le goût des voyages. Mon accident n'y a rien changé et, le plus souvent, elle m'emmène dans ses bagages sans se laisser impressionner par la logistique que cela entraîne et qui découragerait, voire effrayerait, n'importe qui. Reconnaissons qu'avec moi chaque escapade n'est plus seulement une aventure, elle devient un challenge que Stéphane remporte haut la main.

Pour moi, ces voyages sont toujours des découvertes et le dépaysement est d'autant plus grand que je n'ai plus l'impression d'être une bête curieuse.

LÉGUME VERT

Palpation

Les locked-in-syndrom ne sont sans doute pas assez nombreux pour que notre époque, adepte des statistiques en tout genre, s'amuse à découper leur vie en camemberts censés décrire leurs loisirs, leur budget, leurs aspirations, etc.

À cause de ce manquement au culte du pourcentage, j'ignore absolument le nombre de locked-in qui prennent l'avion. Si j'en juge par ceux que j'ai pu croiser dans un aéroport ou dans un pays étranger, je dirais qu'il n'y en a pas plus de 0,2 % [1]. Cette estimation est corroborée par l'attitude à mon égard des cerbères faisant office de douaniers.

Dernièrement, ils étaient trois face à moi, gauches et près de se gratter la tête en signe de perplexité : manifestement, mon cas ne figurait pas dans leurs manuels et l'expérience leur avait peut-être permis de croiser des hémiplégiques, ou des

---

[1]. Si l'on considère qu'il y a en France environ 500 personnes atteintes du locked-in syndrom, je représente à moi tout seul 0,2 %.

paraplégiques, voire des tétraplégiques, mais un tétraplégique muet, jamais!

Pensaient-ils que je pouvais les mordre? Personne ne semblait vouloir prendre le risque de me toucher. Ils firent donc appel à des gendarmes de l'air, plus experts dans la fouille délicate.

Mais les minutes passaient, et nul gendarme ne se pointait. Une demi-heure plus tard, alors que je commençais à croire que j'allais rater mon avion, un gradé apparut. Son allure était aussi assurée que son intonation : il avait déjà opéré des milliers de fouilles, il ne craignait rien.

Pourtant, face à moi, le voilà soudain qui transpire, se dandine, réprime un léger tremblement de ses mains en les tordant, marmonne, balbutie, s'inquiète, hésite. Face nord ou face sud? Par quel côté doit-il attaquer ce sommet de sa carrière d'expert ès palpations?

Finalement, avec la délicatesse d'une jeune fille timide, il effleure de ses doigts mes épaules, mes bras et mes jambes pour la fouille probablement la plus rapide de son existence... et de la mienne aussi. Pour un peu, je l'embrasserais : grâce à son embarras, je ne louperai pas mon avion.

LÉGUME VERT

L'anecdote se répète à chacun de nos voyages, ou presque. Preuve que, même si le locked-in est encombrant à déplacer, il peut se révéler utile : il n'a jamais rien à déclarer et les douaniers, gênés, le croyant non pas sur parole mais sur silence, le laissent passer sans oser le fouiller. Pour les amateurs de contrebande, le locked-in peut donc apparaître comme un accessoire de voyage indispensable.

Vive les économies !

En voiture, pour les longs trajets, j'occupe la « place du mort », la meilleure... Dans un avion, je me contente d'un siège normal, dont Emmanuel se charge d'incliner le dossier d'une petite vingtaine de degrés. Opération indispensable pour que le voyage soit à peu près confortable puisque, comme tout bon tétraplégique souffrant d'une atteinte proche des cervicales, j'ai besoin d'un siège incliné pour ne pas trop souffrir.

Hélas, depuis l'été 2010, Air France, *a priori* fleuron précurseur de l'économie nationale, a décidé d'alléger de cinq kilos chaque siège de ses court- et moyen-courriers. Ainsi, un Airbus A 320 de cent trente places est désormais délesté de six cent cinquante kilos, si mes calculs sont bons. Je n'y verrais rien à redire si cet allègement n'avait été obtenu par un changement de l'armature des sièges qui, désormais, ne peuvent plus s'incliner. Moyennant quoi, cette mesure économique m'a permis de passer deux heures de vol avec la tête au niveau des genoux. Divine surprise : je ne me savais pas si souple !

Gégé et le filao

La première fois que nous sommes allés à l'île Maurice en touristes, c'était en février 1998. Nous y avons rencontré Fanfan, que la rumeur décrivait comme un soigneur miracle. Il assura pouvoir non pas me remettre sur pied, mais me redonner un peu de mobilité. La perspective était à ce point enivrante que, un an plus tard, nous quittions Paris avec nos deux plus jeunes enfants pour nous installer à Maurice le temps d'une année scolaire. Une année inoubliable dans cette île paradisiaque où nous avons lié des amitiés solides et nous sommes vite sentis chez nous. Mais, en ce qui me concerne, il n'y eut pas de miracle. N'avais-je pas suffisamment la foi ? N'étais-je pas assez mystique ? Dans tous les cas, les soins de Fanfan n'eurent aucun effet. Immobile j'étais, immobile je demeurai. Mais si cette année nous délesta de toute espérance quant à une possible amélioration de mon état, il en eût fallu davantage pour abîmer les souvenirs que nous avions engrangés là-bas et nous couper l'envie d'y retourner.

Durant cette année mauricienne, notre maison était située près du lagon, au large duquel se trouve le Coin de Mire, petit îlot escarpé dont les falaises servent de repaire aux pailles-en-queue qui strient le ciel de leurs fines plumes blanches et rouges. J'ai ainsi passé de longs moments, calé dans mon fauteuil, à regarder ce paysage dont je ne me lasse pas, m'adonnant à l'un de mes sports favoris, dans lequel j'ai la prétention d'être devenu un vrai pro : la contemplation. Contemplation méditative au soleil, dont je fais une consommation effrénée pour le plus grand bien de mes bronches.

Mais qu'on ne s'y trompe pas : le sage méditant se laisse parfois distraire. Par un groupe de touristes, par exemple. Ceux-là sont du troisième âge, comme on dit, plus ou moins jeunes retraités affichant leur bonne santé en marchant le long de la plage sous le soleil de midi, brûlant. Du touriste, ils arborent le costume traditionnel : bob, short, tee-shirt ou marcel, chaussures de marche, nez rose vif et ventre en avant sur lequel repose l'appareil photo, on les croirait sortis d'une BD de Reiser.

Immobile – je ne voudrais pas avoir l'air de me répéter – et les yeux dissimulés derrière des lunettes noires, je dois être invisible. En tout cas, ils ne me remarquent pas, me prenant peut-être pour un élément du paysage. Leur guide ne signalant aucune curiosité sculpturale dans le coin, ils ne me jettent même pas un regard, tout occupés à regarder la pointe de leurs chaussures pour voir où ils mettent les pieds.

Mais voilà que, alors qu'il lève enfin la tête pour avoir un point de vue sur le lagon, l'un des randonneurs tombe en arrêt devant le dos d'un de ses compagnons. « Mon Gégé, tu veux de la crème ? » Le ton paraît inquiet : je comprends pourquoi lorsque ledit Gégé se retourne, me laissant voir un dos fuchsia, brûlé au premier degré, qui provoque aussitôt mon hilarité.

Les marcheurs s'arrêtent, lancent des regards autour d'eux, se demandant d'où peut bien venir ce qui, lorsqu'on n'y est pas habitué, évoque davantage un hennissement qu'un rire. Méfiants, ils me fixent l'espace d'un instant. Depuis quand les statues rient-elles ? Se pourrait-il que la chaleur provoque chez eux des hallucinations ?

Dans un silence que seul trouble le bruit du vent dans les branches du filao, Gégé prête le dos à la cérémonie du tartinage de crème. Puis le groupe s'en va, sans demander son reste. Et au pas de course !

Dubaï vu d'en haut

Pour fêter mes cinquante ans, Stéphane a décidé de m'emmener avec les enfants à Dubaï où, depuis plusieurs années, vit une partie de sa famille. À Pâques, dans les Émirats arabes, la température était déjà caniculaire, m'incitant à rester à l'ombre au bord de la piscine. Installé à deux mètres de l'extrémité du bain des petits, mon dossier incliné selon un angle très précis, je bénéficiais d'une vue imprenable sur les palmiers avec, en toile de fond, des immeubles en construction.

A-t-on jamais vu ouvriers mettre autant de cœur à l'ouvrage ? Malgré la chaleur, les maçons, tous d'origine pakistanaise, indienne ou asiatique, travaillaient si vite que, pour suivre la progression des travaux, il fallait bouger mon fauteuil de quelques centimètres. J'ai ainsi passé des heures à les observer, œuvrant à deux cents mètres d'altitude.

J'entends déjà les commentaires : tout ça pour ça ? Partir si loin pour regarder des immeubles en construction ?

Eh bien, oui ! Et en plus, j'y ai pris du plaisir. Même si je participe aux excursions et autres visites, je ne suis pas tout à fait un touriste comme les autres. Mon immobilité me donne du temps une notion particulière, renforce ma patience et mon goût déjà prononcé pour l'observation. À Dubaï, le ballet aérien des ouvriers avait à mes yeux autant d'intérêt que d'autres spectacles. Peut-être parce que, parfois, en imagination, je les rejoignais tout là-haut, histoire de profiter de la vue.

« *Don't move!* »

Durant notre année mauricienne, nous profitons de la proximité du Zimbabwe pour aller y faire… un safari. Décidément, nous ne doutons de rien ! Lors de nos promenades dans la brousse, notre guide, attentif, conduit sa jeep avec précaution, afin que je ne sois pas trop secoué. Pour approcher antilopes et autres phacochères, il quitte parfois la piste et s'enfonce dans la végétation. Mais, si j'en crois les manœuvres compliquées auxquelles il se livre pour rebrousser chemin, il est plus facile d'y entrer que d'en sortir.

Un soir, à la tombée de la nuit, je sens notre guide soudain tétanisé. Il coupe le contact et, se penchant vers moi, murmure le plus sérieusement du monde : « *Don't move!* » Recommandation superflue en ce qui me concerne et qui m'aurait fait hurler de rire en temps normal. Mais un éléphant, énorme mastodonte aux défenses menaçantes, se dresse devant nous. Il ne bouge pas, semblant à l'affût d'un danger éventuel. Puis il s'ébranle de toute sa masse, frôle la voiture et continue son bonhomme de chemin.

Si j'avais été valide, j'aurais pris mes jambes à mon cou et j'aurais eu bien tort. L'immobilité forcée possède des avantages !

Tel père, tel fils

Nous marchons sur un chemin escarpé et tortueux qui surplombe un énorme bouillon, cent mètres plus bas. Cette promenade familiale le long des chutes Victoria, au Zimbabwe, se révèle idyllique et la vue est si saisissante que personne ne peut en détacher les yeux... sauf moi, qui aperçois notre fils Pierre, alors âgé de six ans, qui s'échappe entre deux buissons. C'est peu dire qu'à certains moments plus qu'à d'autres je ressens mon mutisme comme une impuissance absolue. Heureusement, notre guide, intrigué par mes yeux soudain exorbités et le tremblement de mes jambes, comprend au quart de tour que le plus petit d'entre nous manque à l'appel. Il le retrouve, penché tout au bord de la falaise pour mieux apprécier le spectacle des chutes.

Cette anecdote m'en rappelle une autre, trois ans plus tôt. Je patientais sur le trottoir devant notre maison, à Levallois, tandis qu'Emmanuel fermait la porte. À son habitude, Pierre, trois ans, était juché sur mes genoux, sa place favorite pour les promenades. Le fauteuil se mit soudain à bouger, reculant jusqu'au milieu de la chaussée. Surpris, Pierre poussa un hurlement, ce qui permit à Emmanuel de nous ramener jusqu'au trottoir, juste à temps pour laisser passer un bus. Nous l'avions échappé belle.

Pierre nous avait sauvé la vie ce jour-là, je sauvais à présent la sienne. Juste retour de choses ? Non, c'est le rôle d'un père que de protéger ses enfants. Preuve que le locked-in peut aussi être un père.

DÉPAYSEMENTS...

Du bois!

Depuis ma chambre d'hôtel, j'observe le marché coloré d'Harare. Vu de haut, il paraît très peuplé et animé, mais semble néanmoins obéir à une certaine organisation. Une fois en bas, mon point de vue change radicalement et je ne vois plus guère de traces d'une quelconque organisation. À première vue, il paraît impossible que mon fauteuil puisse déambuler dans les travées entre les stands. Mais le locked-in est têtu et, en ce dernier jour de vacances, j'entends bien me mettre en quête de quelques souvenirs, dont des statuettes en bois que j'ai remarquées et qui me plaisent beaucoup. Commence alors une progression lente et difficile... mais plus fructueuse que je n'aurais osé l'espérer. Je n'ai nul besoin d'acheter les statuettes, les marchands me les offrent en même temps que les passants me baisent les mains. Pour eux, je viens du ciel et, à ce titre, mérite bien des égards. Au fil de notre cheminement, les uns et les autres nous offrent encore bracelets et breloques censés nous porter chance.

Le lendemain, à l'aéroport, lors du passage de la douane, à la traditionnelle question : « Qu'avez-vous à déclarer ? », Emmanuel répond sans hésiter : « Du bois ! » et moi : « Des baisemains ! »

Célébrité

Ce n'est pas pour me vanter, bien sûr, mais je me dis que ma gueule penchée doit être assez inoubliable, dans son genre, pour laisser à ceux qui la croisent un souvenir impérissable – même si certains préféreraient sans doute l'oublier.

Il n'empêche que je n'aurais jamais imaginé qu'on puisse me reconnaître jusqu'au fond des souks de Marrakech. Pour être honnête, je dois avouer que la foule ne se pressait pas autour de moi pour obtenir des autographes. Mais l'un des marchands, devant l'échoppe duquel je passais, me héla comme une vieille connaissance. Il insista pour nous faire entrer et m'accueillit avec tous les honneurs dus à une presque star, et il se montra particulièrement accommodant au moment du marchandage.

Tout ça parce qu'il m'avait aperçu à la télévision dans une émission consacrée... aux amours difficiles! J'aurais préféré qu'il me déroule le tapis rouge pour mes performances au 110 mètres haies, mais puisque ce record n'est pas à ma portée, je me suis contenté de ma célébrité « warholienne » et des avantages qu'elle me procurait.

Et la sagesse, bordel?

Après une longue balade dans les ruelles pavées de la médina de Taroudant, Emmanuel avait à juste titre besoin de marquer une pause avant d'attaquer les souks. Il m'installa donc ostensiblement en face d'un vieux Marocain, tranquillement assis sur un tabouret bancal. Celui-ci ne se montra pas surpris, et encore moins gêné de ce face-à-face. Pigeant rapidement le jeu des questions fermées auxquelles je peux répondre par oui ou par non, il entama la conversation. D'où il ressortit que, pour lui, la sagesse consistait à ne pas parler, ne pas voir et ne pas entendre. Grâce à mon mutisme, j'étais donc sur la bonne voie, celle qui mène directement au paradis où je pourrais rejoindre Allah. Le vieil homme accompagna son discours de grands gestes en direction du ciel puis, comme pour mieux me montrer le chemin, frappa mon fauteuil à coups de canne. Emmanuel me recula à temps, m'évitant ainsi d'en recevoir un sur la tête. Le paradis ? Peut-être, mais plus tard.

Si les voyages me plaisent, c'est parce que, comme tout le monde, je suis curieux, j'aime découvrir des pays, des cultures, des traditions, des paysages. Mais, pour moi, le voyage offre un atout supplémentaire. En effet, dans bien des pays, je n'ai plus cette impression de déranger, de créer le malaise. Certains trouvent le handicap tout à fait banal : à les entendre, « c'est la nature », « c'est la vie », il n'y a pas lieu de s'en offusquer. D'autres vont même jusqu'à me considérer comme un être extraordinaire, dans le bon sens du terme, cette fois. Mon mutisme surtout semble, sinon un don du ciel, du moins une particularité qui fait de moi un presque saint. Dans ces pays-là, plus personne

DÉPAYSEMENTS...

ne détourne les yeux sur mon passage. Au contraire, les gens viennent vers moi, les uns me réconfortent (« ça reviendra »), les autres se prosternent, me baisent les mains, me couvrent de petits cadeaux.

Malgré nos voyages, je ne suis pas près de me prendre pour un saint et je ne suis pas toujours convaincu que ce qui m'est arrivé soit une chance.

Mes meilleurs moments

Personne ne me croirait si j'affirmais que tout va toujours pour le mieux dans le meilleur des mondes. Pis, cela accréditerait l'idée que je suis non seulement handicapé, mais, la paralysie neuronale aidant, imbécile heureux, de surcroît.

Ce n'est pourtant pas pour faire taire les mauvais esprits que j'avoue ici, sans honte, des moments de blues. Mais ils ne durent pas ; il suffit d'une orange pressée, d'une andouillette ou d'un match de foot pour que le naturel qui était et demeure le mien reprenne le dessus : je ne pense plus à mon « état », et savoure l'instant présent aussi intensément qu'il est possible. Je dois dire sans me vanter que je suis plutôt bon pour tirer de chaque situation le maximum de plaisir. Je suis un locked-in jouisseur.

Propriété privée

Ce fichu accident m'a privé du bonheur de prendre mes enfants dans mes bras. Je compensais en les sentant contre moi lorsqu'ils venaient se réfugier sur mes genoux, notamment au moment des promenades – ce qui évitait à la personne qui m'accompagnait d'avoir à pousser en même temps un fauteuil et une poussette. À ma sortie de l'hôpital, Juliette, la cadette, âgée de deux ans, y régnait sans partage et supportait difficilement que quiconque m'approche. Sentant le fauteuil s'ébranler, elle se retournait brusquement : « Qui t'es, toi ? » demandait-elle, suspicieuse, à celui ou celle qui osait ainsi s'occuper de son père alors qu'elle entendait le protéger toute seule. Emmanuel n'échappa pas à la question, et dut même la supporter plusieurs fois. Inutile de dire qu'il ne s'en offusqua jamais.

Le temps a fait son œuvre. Juliette s'est habituée à Emmanuel, puis elle a grandi, désertant peu à peu mes genoux. Elle y revenait parfois et exprimait encore sa possessivité, mais avec moins de véhémence. Sans doute s'était-elle rendu compte que je n'avais pas besoin de bouclier. Il n'empêche que je garde de ce bouclier espiègle un souvenir tendre et doux.

Nirvana

Mes enfants vous diraient que c'est lorsque je suis à un concert de rock. Ma sœur affirmerait pour sa part que c'est lorsque je joue au Scrabble. Mes amis seraient sûrs d'avoir raison en affirmant que c'est lorsque je lis *L'Équipe*...

Je suis bien obligé de reconnaître que tous ces moments-là sont parmi les meilleurs, mais il en est un, quotidien, qui les surpasse tous : lorsque je bois – déguste, devrais-je dire – mon jus d'orange matinal.

Ma préoccupation maladive quant à mon état de santé n'est pas étrangère à ce rituel : locked-in fragilisé, et chez qui la moindre infection virale peut prendre des proportions dramatiques, j'entends bien renforcer mes défenses naturelles en avalant ma dose de vitamines journalière. Mais mon goût pour le jus d'orange pressée dépasse de beaucoup le besoin et se transforme en plaisir inégalable. Emmanuel le sait mieux que personne, et me fait boire le verre jusqu'à la dernière goutte : mon bonheur est à ce prix. Bonheur tel qu'il m'arrive d'en rêver dans la journée et de penser : « Vivement demain matin. » Pouvoir profiter ainsi de plaisirs dits basiques m'aide sans doute à négliger ce qui est moins plaisant. Réjouissons-nous : le bonheur est à portée de bouche !

Plaisirs interdits

Moins vitale que l'orange pressée, la mousse au chocolat figure pourtant parmi mes péchés mignons, et j'ai bien du mal à résister. Ou, plus exactement, j'avais du mal. Car, la dernière fois que j'en ai mangé, les gens m'ont regardé d'un air où l'effroi le disputait à l'amusement. Malgré ma répulsion, je me suis fait conduire devant un miroir, où j'ai découvert, horrifié, ma bouche ornée de stalactites brunes.

Depuis, je refuse de succomber à la tentation. Ce n'est vraiment pas la peine d'en rajouter...

Alcools

Regarder Emmanuel en train de préparer mes bananes flambées est un spectacle qui me met l'eau à la bouche. Il faut le voir manier la poêle avec dextérité pour faire dorer les bananes coupées en deux, avant de verser de larges rasades de rhum dont le parfum vient chatouiller mes narines. Puis il brûle une allumette qu'il approche cérémonieusement de la poêle où le rhum s'embrase, les flammes s'élèvent, me donnant l'impression qu'elles vont lécher le plafond de la cuisine.

Après le plaisir des yeux et des narines, le plaisir du palais ne me déçoit jamais. Le petit goût d'alcool n'y est pas étranger. En dehors de ces occasions, en effet, je suis d'une sobriété exemplaire. Non que je craigne d'être arrêté pour conduite en état d'ébriété (à ma connaissance, même les plus zélés des policiers ne font pas encore souffler les handicapés dans l'alcootest), mais l'alcool, particulièrement le vin et le champagne, développe un arrière-goût amer que ma gorge ne supporte pas. Fragile, elle ne laisse passer que les alcools très sucrés, alcools de jeune fille ou de très vieille dame. Ce n'est pas pour sauver ma virilité que je n'en bois pas mais parce que je n'aime pas ça. Dommage ! Pour m'évader, il faut trouver autre chose.

Ah, c'qu'on est bien quand on est dans son bain...

Parmi les grands plaisirs qu'il m'est donné de savourer, l'immersion dans un bain chaud figure dans le tiercé de tête. Immersion quasi totale, seul mon visage restant à l'air libre afin de me permettre de respirer (en effet, je ne brigue aucune médaille au championnat du monde d'apnée).

Le plaisir, pourtant, n'est pas dépourvu de risques. Comme ce jour où, plongé dans une eau parfumée de romarin, je signifiai à mon auxiliaire de vie qu'il pouvait me laisser seul. La baignoire était très pleine, et moi, légèrement de travers, mais ça ne m'empêchait pas de flotter, affranchi des lois de la pesanteur. Hélas, je fus bientôt secoué par une quinte de toux. Je me raidis, me tordis, me détordis... ce qui eut pour résultat de m'enfoncer de quelques centimètres. Le niveau de l'eau monta au-dessus de ma bouche et j'appelai à la rescousse mes vieilles leçons d'orthophonie pour la fermer le plus hermétiquement possible.

Conscient que toute nouvelle quinte de toux pouvait m'être fatale, je trompai l'inquiétude en imaginant le titre du journal local, *La Montagne* : « Un tétraplégique se noie dans son bain : accident ou suicide ? » Pouvais-je me permettre de disparaître aussi bêtement quand j'avais échappé à des dangers bien plus grands ? Le ridicule de la situation provoqua soudain un de ces fous rires qui me secouent régulièrement ; ce jour-là, il réussit à me redresser de quelques millimètres. L'oreille droite émergeait à peine de l'eau que j'entendis le pas assuré de mon garde du corps qui n'avait jamais si bien porté son nom.

« Alors, on profite ? » demanda-t-il en me voyant barboter.

Je me suis bien gardé de lui raconter ma semi-noyade, c'eût été reconnaître qu'on ne peut décidément pas me laisser seul sans que je fasse des bêtises. À mon âge !

Le rêve

Depuis vingt ans, j'ai essayé beaucoup de matières stupéfiantes : barres de Mars mixées, verres de punch, lignes de reblochon... Mais pour planer, je ne connais rien de mieux que les mélodies de Pink Floyd. Calé dans mon fauteuil réglé en position « chaise longue », le volume poussé au maximum, je savoure ces mélodies qui font trembler les murs et me requinquent en même temps qu'elles m'envoûtent. Cette musique me donne la chair de poule et vient toucher en moi quelque chose qui m'émeut jusqu'aux larmes.

Parfois, pour parfaire mon plaisir, mon aide de camp glisse dans le magnétoscope une cassette de saut à ski. Alors le bonheur est complet. J'oublie tout. Et la musique de Pink Floyd recouvre totalement la fausse note de ce mois de juillet 1990. Je décolle. Je vole. Je suis ivre d'air, de légèreté, d'harmonie.

Cette sensation de voler, il m'est arrivé de l'éprouver face à une lune bien pleine éclairant le Coin de Mire, au large de l'île Maurice. Ce soir-là, ni musique ni alcool ; seulement la beauté de la nuit lumineuse et soudain je me suis affranchi des lois de la pesanteur, je me suis senti planer, dériver dans le ciel, bercé par la brise tiède. L'espace d'un instant, j'ai même cru que j'allais atterrir en douceur à côté de mon fauteuil.

C'était un rêve.

La musique fait des miracles

Concert de Coldplay au Parc des Princes. Comme d'habitude, les PMR (personnes à mobilité réduite) sont parquées ensemble afin de ne faire courir aucun risque de contagion à quiconque.

Je suis confortablement installé au deuxième rang, juste derrière une jeune paraplégique. Lorsque le groupe entame son tube planétaire, une chanson que tous les adolescents écoutent à fond dans leur i-Pod, une chanson qui réveillerait un mort, la jeune handicapée agrippe la balustrade… se lève et se déhanche en rythme.

Même plus besoin d'aller à Lourdes pour assister à un miracle.

PMR : Personne à mobilité récupérable ou personne à moralité réduite ?

On ne voit pas le temps passer

Parmi mes meilleurs moments, il y a tous ceux passés avec ma femme, mes enfants et nos amis, si proches et si précieux. Afin de bien commencer ma vingtième année de locked-in, ma sœur Pascale a organisé un « réveillon-diapos » avec une quinzaine d'entre eux. Émotion garantie puisque, sur la plupart, j'apparais sur mes deux jambes. Debout, marchant, montant à cheval, nageant, pédalant, dansant. « Normal », quoi. Heureusement, nous n'avons vu aucun film qui m'aurait montré en mouvement ; sur les photos, je suis évidemment immobile, ce qui, avec le recul, peut ressembler à un présage…

Devant ces souvenirs d'un autre temps, d'une autre vie, le rire a parfois réussi à chasser l'émotion, mais il m'a fallu tout de même quelques jours pour digérer cette soirée. J'avais l'impression d'être replongé vingt ans plus tôt, lors de ma sortie du coma, quand j'ai réalisé que je ne pouvais plus bouger, fût-ce un petit doigt, instants que je préférerais oublier. Vingt ans plus tard, je suis assailli par tout un tas de questions essentielles. Que serais-je devenu sans cet accident ? Aurais-je grossi ? Serais-je ridé ? Chauve ? Où en serais-je dans ma carrière professionnelle ? Je me suis ainsi surpris à imaginer le scénario de ma vie telle qu'elle aurait pu être si… Exercice périlleux, auquel j'évite de me livrer car il ne sert pas à grand-chose, sinon à me faire du mal. À quoi bon rêver un destin de président de la République, de matador de renom ou de rock star, puisque ce n'est pas le mien. Alors que chacun, au fur et à mesure qu'il avance en âge, dresse des bilans de sa vie, confronte ses aspirations d'hier et sa réalité présente, en pouvant continuer à espérer qu'il réussira un jour à faire coïncider les deux, je m'abstiens. Il y a vingt ans, la vie m'a obligé à un bilan sans concession ni faux-semblant, je m'y tiens et n'y reviens pas.

Aujourd'hui est sûrement très différent de ce que j'espérais hier, mais il m'arrive de ne plus me rappeler ce que j'espérais. Cela doit signifier que le travail de deuil a été effectué. Vingt ans déjà! Ces vingt années font probablement de moi le recordman de la longévité chez les locked-in. Titre mérité, au vu du mal que je me suis donné pour y parvenir. J'ai été aidé par une constitution robuste, une hygiène de vie assez stricte, une préoccupation quasi obsessionnelle de ma santé. Mais à quoi tout cela m'aurait-il servi s'il n'y avait eu mon entourage qui n'a pas non plus ménagé ses efforts pour me prodiguer tous les soins nécessaires, et surtout pour m'accepter et m'aimer tel que je suis? Mon envie de vivre a fait le reste. Je souhaite que tout cela continue. Comme quoi, un locked-in n'est pas dénué d'ambition.

Conclusion

Mon monde à l'envers

Et si j'inversais les rôles un instant, pour me retrouver face à moi-même tel que je suis aujourd'hui ?

Qu'éprouverais-je de voir Philou ainsi cloué dans un fauteuil, lui qui redoutait les différences, ne supportait pas le handicap, quel qu'il soit ?

Oserais-je le regarder dans les yeux ou me perdrais-je dans la contemplation de mes chaussures et du plafond ?

Continuerais-je à le voir régulièrement ? Prendrais-je le temps de traverser Paris et ses embouteillages pour venir jusqu'à lui, alors que nous serions interrompus par sa séance de kiné ou de yoga ?

Et d'abord, lui parlerais-je ? Aurais-je ce don pour monologuer sans me sentir mal à l'aise ?

Apprendrais-je le code et, moi qui n'ai aucune patience, serais-je capable de me concentrer suffisamment, d'être « tout à lui » pour décrypter ce qu'il veut me dire ? M'énerverais-je lorsque je me tromperais de lettre, lui reprochant en silence de cligner de la paupière n'importe comment ?

Éprouverais-je de la gêne face à lui ? Parviendrais-je à essuyer le filet de bave qui coule de sa bouche, lui qui croyait que seuls les chiens devant leur pâtée salivent de la sorte ?

Réussirais-je à le coucher comme un bébé, lui avec qui je partageais une passion des sports physiques, pour ne pas dire virils ?

Accepterais-je toutes les contraintes que son handicap entraîne ? Endurerais-je sans broncher d'avoir mal au dos et aux bras à chaque fois qu'il faudrait le porter ou le transporter ?

Aurais-je avec lui la même relation que par le passé ? Resterais-je naturel et spontané ? Le traiterais-je comme s'il était debout ?

Au bout de vingt ans, me serais-je habitué à son état ?

Je l'ignore…

Ce que je sais, en revanche, c'est qu'on ne peut pas inverser les rôles. Vivant avec mon handicap, j'ai réussi à m'y faire et à (presque) l'oublier. Je vais paraître exigeant, mais je voudrais qu'il en soit de même pour mes proches. Mon plus grand espoir est qu'ils se soient habitués à moi, qu'ils s'y habituent. Même si je sais aussi qu'il y a des choses auxquelles on ne s'habitue jamais tout à fait.

Et si j'étais ma femme ? ou l'un de mes enfants ?

Remerciements

Je tiens à remercier chaleureusement mon amie Pascale, qui a parfaitement orienté ma réflexion et qui, sans concession, m'a posé les questions qui me permettaient de progresser.

Table

Avant-propos 9

Introduction : la panoplie du locked-in 13
    Le code 13
    L'auxiliaire de vie 20
    L'ordinateur 22
    James 24
    Ma panoplie personnelle 27

L'effet que je fais 31
    « Tu me reconnais, Philou ? » 32
    Il ne faut pas faire peur aux enfants 36
    De quoi ai-je l'air ? 38
    Évidence 40
    « Attrape ! » 41
    En attendant le miracle 42
    Lève-toi et marche ! 43

Comment plomber l'ambiance 45
Au fil de l'eau 46
Drague ? 47
Rencontre au sommet 50
Entre semblables 52

Petites misères et grandes tristesses 55
Comme James Bond 56
Y a pas photo 58
Roissy ne répond plus 59
Les envieux 61
Sans voix pour la seconde fois 62
Confusion 64
Un dossier compliqué 65
Ah, la chienne ! 66
J'écris, donc je suis 68
Les femmes et les enfants d'abord ? 68
Les gens sont ce qu'ils sont 70
Comme un carton de déménagement 72
De quoi me plaindrais-je ? 73
Jean-Louis 76

Po-si-ti-vons ! 79
Petites consolations 80
Ça va mieux en le disant 81

TABLE

Au voleur! 83
Le pouvoir des faibles 84
À vot' bon cœur 85
Sixième sens? 87
Sans tabou 89
Optimiste malgré soi 91

Attention, fragile! 93
   Les nerfs à fleur de peau 94
   Full ou brelan 96
   Minerve 97
   Concentré (mais non centré) sur mon nombril .. 99
   Enfin vacciné! 101
   Vertige 102
   La guêpe 105
   La prunelle de mes yeux 108
   Debout 110

Dépaysements... 113
   Palpation 114
   Vive les économies! 116
   Gégé et le filao 117
   Dubaï vu d'en haut 120
   « Don't move! » 122
   Tel père, tel fils 123

Du bois!	125
Célébrité	126
Et la sagesse, bordel?	127
Mes meilleurs moments	131
Propriété privée	132
Nirvana	133
Plaisirs interdits	134
Alcools	135
Ah, c'qu'on est bien quand on est dans son bain...	136
Le rêve	138
La musique fait des miracles	139
On ne voit pas le temps passer	140
Conclusion : mon monde à l'envers	143
Remerciements	147

Cet ouvrage a été composé et imprimé
en mai 2011 par

FIRMIN-DIDOT

27650 Mesnil-sur-l'Estrée
N° d'édition : 652
N° d'impression : 105445
Dépôt légal : avril 2011

Imprimé en France